5G行业应用蓝皮书

掘金5G

5G时代的新商业模式解析与新场景应用

张毅刚 ◎ 著

| 金融 | 零售 | 物流 | 互联网 |
| 教育 | 农业 | 工业 | 大健康 |

中国商业出版社

图书在版编目（CIP）数据

掘金 5G：5G 时代的新商业模式解析与新场景应用／张毅刚著．－－北京：中国商业出版社，2020.7
　　ISBN 978-7-5208-1145-3

Ⅰ．①掘… Ⅱ．①张… Ⅲ．①商业模式－研究 Ⅳ．①F71

中国版本图书馆 CIP 数据核字（2020）第 085573 号

责任编辑：朱文昊　黄世嘉

中国商业出版社出版发行
010-63180647　www.c-cbook.com
（100053　北京广安门内报国寺 1 号）
新华书店经销
文畅阁印刷有限公司
*
710 毫米×1000 毫米　16 开　14 印张　200 千字
2020 年 7 月第 1 版　2020 年 7 月第 1 次印刷
定价：49.80 元
****
（如有印装质量问题可更换）

推荐序

2019年6月,在万众期待中,工业和信息化部向中国移动、中国联通、中国电信、中国广电四家运营商正式颁发了5G商用牌照。这标志着我国正式进入了5G商用时代,而2019年也成为了"5G商用元年"。

不同于过去的1G到4G,5G网络具有大带宽、低时延、高可靠、广覆盖等特点,5G应用对各个行业的渗透和应用,必将带来个人用户及行业用户体验的巨大变革。过去的移动通信技术主要聚焦于个人消费市场,而5G的出现则让移动通信技术的消费主体从以面向个人为主,向面向大众与行业并重转变。5G能够为许多传统行业深度赋能,引领革命性的技术突破。5G不仅仅是一项移动通信技术,更是影响社会经济发展的一股重要力量。

在5G的赋能下,传统行业将逐渐向着"智慧化"的方向发展,智慧金融、智慧工厂、智慧物流、智慧家居、智慧教育、智慧医疗等产业正方兴未艾。未来,这些行业还会实现更多的跨越,为人们的消费、生活和生产带来更多的可能性。

掘金 5G：
5G 时代的新商业模式解析与新场景应用

人工智能、云计算、边缘计算、大数据、AR、VR 等新一代信息技术在 5G 的"加持"下将发挥出更大的效用，能更好地满足物联网海量连接、实时交互的需求，真正地实现"万物互联"，让各行各业实现深度融合。

2020 年，国家提出了"新型基础建设七大领域"，5G 基站建设就是其中之一，这表明 5G 全面普及时代已经拉开帷幕。随着 5G 基站的建设，5G 将会全面覆盖各行各业，并广泛深入人们的生活和工作。本书恰好成书于我国 5G 商用元年，站在时代的拐弯处，引领我们展望了 5G 时代的未来。

书中阐述了 5G 的特点以及应用场景，归纳了基于 5G 技术的四大商业模式，详细介绍了 5G 赋能下的新零售行业、金融行业、工业制造业，以及教育、医疗、物流、家居等行业的前景和趋势。最重要的是，本书从个人发展的角度剖析了 5G 时代的机会和机遇，以及未来投资、创业的方向。

本书最大的贡献，就是为读者呈现了一副多维度、多场景的 5G 蓝图，让读者能够从自己最熟悉的消费场景、生活场景和生产场景中走近 5G，了解 5G 的概念、内涵、应用以及相关产业等多方面内容。从普及知识、加强认知的角度来看，本书有着十分积极的意义。

本书对于未来 5G 应用场景的描绘以及关于 5G 商用的思考，也为 5G 商用领域的相关认识提供一些新思路。5G 技术带来了无限的机遇和挑战，企业应该主动迎接 5G 技术创新，个人应该积极适应 5G 带来的工作、生活、消费、学习等各个领域的变化。未来，5G 将带来无穷的新应用、新模式、新机遇。希望广大读者能通过本书全面认识 5G，相关产业界人士能通过本书获得启迪，为拥抱 5G 做好充分准备。

工业和信息化部信息中心总工程师　童晓民
2020 年 4 月

前言

掘金 5G，谁将最终获益

2019 年，随着国家工信部正式发放 5G 商用牌照，5G 商用正式拉开了帷幕。围绕着 5G 开展的产业革命和商业角逐也吹响了号角。

从来没有哪一代通信技术像 5G 一样受到举世关注，每个人都在谈论 5G，每家企业都在研究 5G，每个行业都在布局 5G。为什么 5G 会受到如此关注呢？这是因为，5G 不仅仅是一项移动通信技术，它也是影响社会经济发展的一股重要力量。

移动通信技术发展至今，已经历经 5 代，从 1G 到 5G 的每一次迭代中，人与人之间的数字鸿沟被逐步缩小。

1G 解决了人与人之间的移动通信问题，让偏远地区也有了通信能力；

2G 推动人类进入了数字时代，人们可以利用短信传输文字信息了，通信品质也得到了显著提高；

3G 引领人们进入数据通信时代，手机有了打电话、发短信以外的功能，开始向智能化方向发展；

4G 时代是移动互联网的时代，移动支付、移动电子商务的爆发，改变了人们的生活。人与人之间的信息沟通能力也大幅度提高，社会和经济都在移动互联网的影响下发生了不小的变化。

5G 是改变世界的新力量，它的高速率、低时延、大容量和低功耗是前所未有的，这些 5G 的独有特征为物联网、人工智能、边缘计算、大数据等技术的发展提供了基础。如今，5G 已经不仅仅只指 5G 网络了，它是一个集中了通信、半导体、智能终端、新业务和新应用的完整体系。这个体系会给社会、经济、文化带来巨大的影响和改变。

长期以来，移动通信技术提供的仅仅是基本的通信能力，与其他产业始终保持着一段距离。但是，5G 会渗透到各行各业，与传统产业相结合，进行融合与创新。在 5G 的赋能下，传统产业都将向着智慧化的方向发展，智慧医疗、智慧新零售、智慧金融、智慧制造、智慧物流、智慧家居、智慧城市等产业已经开始与 5G 融合，未来还会有更多产业在 5G 的赋能下实现跨越式发展。

所有的事实都在告诉我们，5G，已经到来了！

在 5G 全面普及的前夕，很多读者都希望能够全面了解 5G，以及它带来的变化。我也因此萌发了撰写本书的想法。纵观市面上有关 5G 的书籍，大多都是从技术角度展开的，对非通信专业的读者来说稍显枯燥了一些。

我虽然多年来一直都在从事 5G 技术与应用的研究，但是我却不准备在书中阐述过多的专业知识。我希望能呈现给读者一本贴近生活、通俗易懂的 5G 知识指南。基于此，我决定从商用的角度来介绍 5G。

本书详细介绍了 5G 时代的商业模式、行业发展趋势，5G 对各行各业的深刻影响，5G 在消费领域的应用，以及 5G 时代的新商机。通过本书，创业者和企业可以找到 5G 时代的商业掘金路径，对 5G 感兴趣的普通读者也可以全面了解 5G 及其应用知识。

前言
掘金 5G，谁将最终获益

本书共分为 8 个章节，主要内容包括 5G 时代的新方向、5G 商业模式、5G 智慧新零售、5G 工业互联网、5G 智慧金融、5G 对传统行业的赋能、5G 时代的自媒体、5G 时代的机会和机遇。本书中列举了大量真实案例和行业数据，能帮助读者深入浅出地了解 5G 及其带来的影响。

本书为广大读者勾勒了一张清晰的 5G 发展蓝图，通过阅读本书，你能真正搞懂 5G，并成为 5G 时代的受益者。如果你想知道 5G 时代的最佳商业模式是什么？5G 时代的商业机会和财富在哪里？5G 时代的哪些行业可以掘到第一桶金？就请认真阅读本书吧！我相信，在这本书中，你一定能找到自己想要的答案。

张毅刚

2020 年 1 月

目录

第1章 5G时代已来，新技术，新产业，新未来

1.1 华为轮值主席胡厚崑：5G绝对是最大的市场技术 / 2
- 1.1.1 5G带来的新增市场在哪里 / 3
- 1.1.2 5G影响的不只是经济 / 5

1.2 三句话讲清楚5G是什么 / 6
- 1.2.1 高速率上网 / 8
- 1.2.2 大容量连接 / 8
- 1.2.3 低时延传送 / 9

1.3 不只更快，5G将改写生活与商业 / 10
- 1.3.1 5G的三大应用场景 / 11
- 1.3.2 5G改变生活 / 12
- 1.3.3 5G推动技术和商业变革 / 15

1.4 什么是企业掘金5G价值的关键 / 17
- 1.4.1 巨头推动下的万亿市场 / 18
- 1.4.2 创业公司靠垂直机会取胜 / 20

1.5 "万物互联"时代，你准备好了吗 / 21
- 1.5.1 什么是物联网 / 21

1.5.2 物联网能做什么 / 23

1.5.3 物联网的市场潜力 / 25

中国为什么提前一年加速发放 5G 牌照 / 26

第 2 章　5G 时代，真正能赚钱的商业模式是怎样的

2.1　5G 时代的成功，是商业模式的成功 / 30

2.1.1　5G 商业模式的特征：多元、融合 / 30

2.1.2　如何进行 5G 商业模式创新 / 31

2.2　5G 商业模式一：基于流量的商业模式 / 34

2.2.1　3G ~ 4G：流量商业模式的崩塌 / 35

2.2.2　5G：流量商业模式的重建 / 36

2.3　5G 商业模式二：基于网络切片的商业模式 / 38

2.3.1　什么是网络切片 / 39

2.3.2　网络切片的商业应用 / 40

2.4　5G 商业模式三：基于平台的商业模式 / 41

2.4.1　5G 时代，平台商业模式至关重要 / 42

2.4.2　客户一体化平台是平台商业模式的关键 / 43

2.5　5G 商业模式四：基于完整解决方案的商业模式 / 44

2.5.1　什么是基于完整解决方案的商业模式 / 45

2.5.2　完整解决方案的三大优势 / 46

5G 技术下企业创新和盈利的基本法则是什么 / 47

第 3 章　5G 物联网时代，新零售如何重构经营思维

3.1　"5G+ 新零售"，让消费场景更加多元化和智能化 / 52

3.1.1　5G 来临之际，再说新零售 / 53

3.1.2　5G+ 新零售 = 消费场景升级 / 55

3.2　场景化：5G 赋能 AR 与 VR，科幻电影成真 / 58

3.2.1 什么是 VR 和 AR / 58

3.2.2 VR 和 AR 在购物场景中的应用 / 59

3.3 5G 可以让"高级定制"成为大众消费吗 / 61

3.3.1 C2B 是零售业的未来趋势 / 62

3.3.2 智慧工厂：批量生产定制化产品 / 64

3.4 什么才是 5G 时代新零售创新的本质 / 65

3.4.1 5G 时代新零售创新——体验式营销 / 67

3.4.2 数据收割：新零售创新的本质 / 69

3.5 这些企业正在积极探索 5G+ 新零售 / 70

3.5.1 阿里：发力家居零售领域，寻找客户流量新入口 / 71

3.5.2 京东：5G+ 强大物流，推动无界零售 / 72

3.5.3 苏宁：智慧门店，多业态、全场景满足用户需求 / 74

3.5.4 财货通：供应链金融＋共享库存，布局财通、货通的 3C 数码零售新生态 / 75

5G 时代，实体零售店如何在下个风口突围 / 78

第 4 章 5G+ 工业互联网，如何撬动制造业万亿级产业链市场

4.1 全速驱动，5G 奏响工业 4.0 的序曲 / 86

4.1.1 什么是工业 4.0 / 87

4.1.2 5G 如何驱动工业 4.0 / 89

4.2 融合创新，5G 改变传统制造业 / 92

4.2.1 5G 时代，工厂会发生什么变化 / 92

4.2.2 5G 生态下，制造业将全面转型升级 / 95

4.3 海量连接：5G 赋能工业互联网 / 100

4.3.1 什么是工业互联网 / 100

4.3.2 5G 为工业互联网赋能 / 102

4.4 循序渐进，提升企业生产力 / 103

华为"杀手锏"鸿蒙，赢在这三点 / 107

第 5 章　5G 金融盛宴开启，金融行业如何才能分一杯羹

5.1　5G，开启智慧金融新引擎 / 112
5.1.1　5G 给金融业带来的影响 / 113
5.1.2　5G 在智慧金融中的应用价值 / 115

5.2　5G 时代的金融服务是无界的 / 117
5.2.1　金融服务的未来发展趋势 / 117
5.2.2　5G 时代的金融服务场景 / 119

5.3　5G 到来，消失的不只是二维码 / 120
5.3.1　金融行业的四大变革趋势 / 121
5.3.2　面对变革趋势，金融机构该如何应对 / 124

5.4　5G 赋能金融机构，深化智慧转型 / 125
5.4.1　5G 推动金融机构的智慧化转型 / 125
5.4.2　金融机构转型趋势：5G 智慧网点 / 126

金融机构如何推进 5G 技术应用 / 127

第 6 章　智慧 5G，各行各业如何借 5G 风口转型

6.1　智慧医疗：远程操控手术不再是梦 / 132
6.1.1　行业：数据资源整合，提升效率 / 133
6.1.2　机构：更多智慧医疗方式 / 135
6.1.3　患者：看病更方便 / 137

6.2　智能家居："未来之屋"离你有多远 / 139
6.2.1　现阶段的智能家居并不智能 / 139
6.2.2　5G，让智能家居真正"聪明"起来 / 141

6.3　智慧教育：情景式 + 交互式，让学习更有效 / 143

6.3.1　5G 让教学方式更多样化　/　143

6.3.2　5G 将解决教育的痛点　/　145

6.4　智慧物流：京东变身高科技公司　/　147

6.4.1　什么是智慧物流　/　147

6.4.2　5G 场景下的智慧物流　/　150

6.5　智慧城市：以人为本的新型城市来了　/　152

6.5.1　什么是智慧城市　/　153

6.5.2　智慧城市发展的五大要素　/　155

5G 赋能 OT，哪些行业能先尝到甜头　/　156

第 7 章　5G 来临，自媒体大神们该如何布局

7.1　5G 时代，人人都是自媒体　/　162

7.1.1　5G 时代，每个人都能成为自媒体　/　162

7.1.2　5G 时代，自媒体行业将重新洗牌　/　163

7.2　定义潮流：从 Blog 到 Vlog，玩法变了　/　165

7.2.1　从精英到大众，Vlog 的 "下凡" 之路　/　167

7.2.2　Vlog 是 5G 时代的蓝海市场　/　168

7.3　5G 时代自媒体运营两大核心基础　/　170

7.3.1　定向生产内容　/　170

7.3.2　智能化传播　/　172

7.4　5G 时代，打造个人 IP 是关键　/　173

7.4.1　为什么要打造 IP　/　174

7.4.2　什么是有价值的 IP　/　175

7.4.3　如何打造个人 IP　/　177

7.5　5G 时代如何玩转抖音短视频　/　179

7.5.1　5G 时代，抖音仍然以内容为王　/　179

7.5.2 满足粉丝需求 / 181

7.5.3 把粉丝变成客户 / 184

5G 时代，自媒体如何创新 / 186

第 8 章 机会 VS 机遇，如何抓住 5G 红利赚取第一桶金

8.1 5G 有哪些创业机会，怎么借 5G 赚钱 / 192

8.1.1 5G 时代，创业公司的机遇在哪里 / 192

8.1.2 5G 时代，普通人可以从事哪些行业 / 195

8.2 5G 时代的三大投资机会 / 197

8.2.1 投资机会一：设备需求 / 197

8.2.2 投资机会二：边缘计算 / 198

8.2.3 投资机会三：用户区分和信息安全 / 198

8.3 AI 再思考：数据标注师将成为 5G 时代最大量的蓝领工人 / 199

8.3.1 数据标注师：人工智能背后的人工 / 200

8.3.2 数据标注这项工作会一直存在 / 201

8.4 哪些行业能赚到 5G 的第一桶金 / 203

5G 时代，对未来职业有哪些影响 / 206

参考文献 / 209

第 1 章

5G 时代已来，新技术，新产业，新未来

随着 5G 时代的到来，5G 的高速率、大容量、低时延特点将赋能各行各业，也将带动各项技术和应用的发展，在社会和经济领域进行一次深刻的变革。

1.1 华为轮值主席胡厚崑：5G 绝对是最大的市场技术

在 2019 年年初的达沃斯经济论坛上，华为轮值主席胡厚崑说："今年来说，5G 绝对是最大的市场技术。"诚如胡厚崑所说，5G 技术的确是目前全球最具商业潜力的通信技术，它将横扫消费领域，引领产业革新，并成为四次工业革命的支柱，带动全球经济进入一个新时期，5G 的经济影响力和社会影响力是毋庸置疑的。

中国信息通信研究院发布的《5G 经济社会影响白皮书》中，也对 5G 的经济影响力表示了极大的肯定，并做出了这样预测：

"自 2020 年起，预计 5G 带动直接经济产出 4840 亿元，间接经济产出达 1.2 万亿元；

至 2025 年，预计 5G 带动直接经济产出 3.3 万亿元，间接经济产出达 6.3 万亿元；

至 2030 年，预计 5G 带动直接经济产出 6.3 万亿元，间接经济产出达 10.6 万亿元。

第 1 章
5G 时代已来，新技术，新产业，新未来

就业机会方面，预计在 2020 年、2025 年和 2030 年，5G 商用将分别直接贡献 50 万、350 万和 800 万个就业机会。"

5G 的商业前景令人期待，并且随着 2019 年这个 5G 商用元年的到来，5G 商业版图也已经变得越来越清晰了。在 5G 生态圈中，云计算、VR、AR、无人机、边缘计算等技术都会同步发展，在这些新技术的基础上，各行各业都会产生新的 5G 应用和新商业模式，届时新技术和新业态都将超乎我们的想象。

那么，5G 带来的新增市场到底在哪里呢？

1.1.1 5G 带来的新增市场

美洲 5G 和 LTE 的行业贸易协会 5G Americas 曾经发布过一份白皮书《5G 服务创新》，这份白皮书中对 5G 时代的新增市场进行了探讨，得出的结论是：扩展现实、无人机、健康医疗、固定无线接入、云游戏、智能电网等行业将成为 5G 时代最具潜力的新市场。

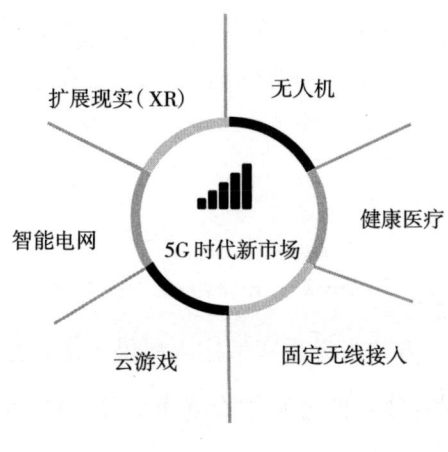

5G 时代的新市场

1. 扩展现实

扩展现实（XR）又被称为"人类交互方式的终极形态"，未来，它将改变我们的生活和工作方式，改变许多行业的格局，而 5G 技术将为 XR 技术的发展提供新的动力。根据 SuperData Research 的预测，到 2022 年年底，XR 的消费端市场规模将达到 339 亿美元，行业市场的规模将会更大。

2. 无人机

5G 的超低时延和人工智能以及机器人技术的结合，将开创无人飞行器的新时代，地面上的无人驾驶也将取得突破和发展。5G 不仅能给无人飞行、无人驾驶提供技术支撑，它还能为交通管理系统赋能，让无人机和无人车真正落地。

3. 健康医疗

5G 对医疗行业的影响主要体现在远程医疗、医疗遥感和监测方面，这也是物联网的主要应用场景之一。目前，远程手术已经在实践中取得了成功，5G 智慧医疗的前景将越来越广阔。爱立信发布的预测表示："到 2026 年，电信运营商在 5G 医疗领域的总收入将达到 757 亿美元。这包括患者应用 492 亿美元，医院应用 198 亿美元，医疗保健领域 52 亿美元，以及医疗数据管理领域 16 亿美元。"

4. 固定无线接入

5G 的固定无线接入（FWA）方式可以替代昂贵的深光纤固定接入方式，这种更低成本的接入方式为无线宽带接入提供了多种选择。到 2019 年年底，全球 5G 固定无线接入收入将达到 10 亿美元，至 2025 年全球市场价值将超过 400 亿美元（数据来源：SNS Telecom）。

5. 云游戏

云游戏是指将需要密集计算的图片渲染和处理从用户的终端转移到网络服务器，这将提升用户的游戏体验，并给游戏行业带来巨大的变化。不过，云游戏的实现离不开 5G 网络的支持和边缘服务器的支撑。因此，5G 时代到来以后，云游戏必将得到落地和普及。据 ABI Research 的数据，到 2024 年，将有超过 4200 万的活跃云游戏用户，他们将创造超过千亿美元的价值。

6. 智能电网

Reports and Data 的最新报告预测："随着投资的稳定增长，到 2026 年，智能电网市场预计将达到 929.7 亿美元，预测期内复合年增长率为 19.4%。"

智能电网的发展离不开 5G 赋能，因为维持智能电网的运行需要超大的信息吞吐量和实时的信息反馈，这需要 5G 的超大带宽和超低时延。在智能电网的发展过程中，5G 就是强心针和催化剂，可以使智能电网得到发展和普及。

上面提到的这些新增市场，并不能完全囊括 5G 的完整商业版图，事实上，5G 将赋能各行各业，与多个行业互相融合，在 5G 技术的助力下，各行各业的相关市场都将实现大幅度的增长。

1.1.2　5G 影响的不只是经济

5G 影响力不仅仅局限于经济和商业领域，它不仅能带来新的市场和新的经济增长点，还会对我们的社会造成深刻的影响。"5G 改变社会"并不是一个夸张的说法。5G 对人类社会的影响将远远超过之前的所有移动通信技术，它的影响等同于一次工业革命，将促成新的社会分工，并影响到人们生活的方方面面。

一方面，未来的城市管理、能源、医疗、教育等关系国计民生的产业将与 5G 深度融合，而 5G 也将推动社会更科学、更高效地运行，让生产、生活更加绿色环保，实现经济、社会、环境的协调、可持续发展。

另一方面，5G 与各行各业的深度融合，将大幅度提升生产效率，进而改变生产关系，职业和社会分工方式也将发生新的变化。比如，未来每个人都可能拥有多重职业，很多行业的工作将以分包的形式展开，人们可能也不再从事固定的职业。不过 5G 会给我们的生活带来深刻的变化，这一点是毋庸置疑的。

2019 年是 5G 商用元年，5G 时代已经到来。

1.2　三句话讲清楚 5G 是什么

短短几十年间，移动网络从 2G 升级到 3G、4G，如今 5G 也已经蓄势待发，即将走进普通消费者的生活。这样的迭代速度难免让人感到眼花缭乱，在 2019 年这个 5G 元年里，每个人都在谈论着 5G，畅想着 5G 即将掀起的浪潮，但同时也存在着一些困惑。

近年来，"5G"这个词频繁见诸报端，在网络上也是高频热词，但我相信，依然有不少人对 5G 还是一知半解。

很多人提起 5G 时，首先想到的是"网速快"。事实上，5G 的核心是"万物互联"，2G、3G、4G 移动网络都是连接人与人，而 5G 则是利用高速数据连接人与人、人与物、物与物，真正实现了万物互联、互通。比如，在 5G 的赋能下，可穿戴设备和医疗保健软件可以帮助人们实时监测自己的健康状况,高速的 5G 网络可以让医生远程为病人进行有效诊断,甚至直接进行远程治疗。

那么,这"万物互联、互通"的局面又是如何实现的呢?要解答这个问题,我们要先弄清楚 5G 到底是什么?

5G 中的 G 是英文单词"generation(代)"的缩略,顾名思义,5G 就是第五代移动通信技术,也是最新一代的移动通信技术。5G 的数据传输速度要远远高于之前 2G、3G 和 4G 蜂窝网络,最高可达到 10Gbit/s,比 4G 要快 100 倍。

而且,5G 的网络延迟更低,甚至可以低于 1 毫秒,这也意味着更短的响应时间,要知道 4G 的网络延迟可达到 30~70 秒。5G 大幅度提高了数据速率、减少了延迟,因此它可以同时连接更多的终端,实现万物互联。

看到这里,可能有些读者还是不能很好地理解 5G。下面,我将用三句话为大家概括 5G 的基本特点。

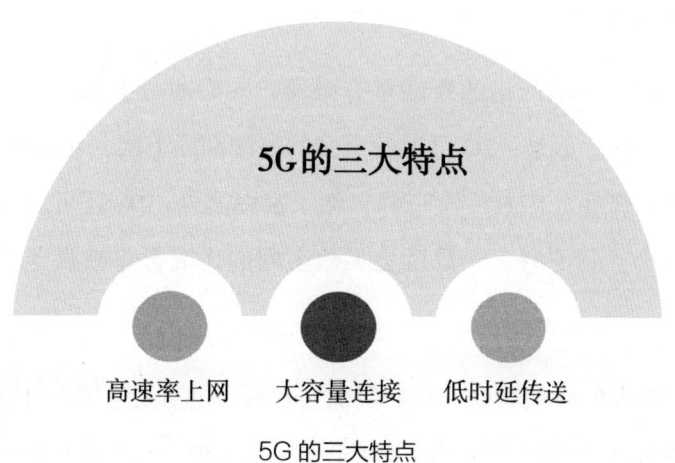

5G 的三大特点

1.2.1　高速率上网

5G 的上网速率比 4G 高 100 倍，峰值速率可达 10Gbit/s，完全能够满足高清视频、虚拟现实等大型数据的传输。当 5G 真正普及以后，我们下载一部高清电影可能只需要 1 秒钟。5G 的高速率，可以为普通消费者解决很多目前存在的网络服务难题，比如大型手机游戏卡顿和高清视频播放不流畅等。

2019 年 3 月，我国首例 5G 远程人体手术在相距 3000 公里的北京和海南顺利完成。通过 5G 网络实时传输的高清视频，位于海南的神经外科专家远程操控手术器械，为远在北京的患者实施了精准的脑起搏器植入手术。这在过去几乎是不可能实现的，但是 5G 的超高速率让这台手术成功了，相信以后 5G 在医学方面的应用会越来越广泛。

有了 5G，只要我们身在网络信号能够到达的地方，就能瞬间联通。有着超高速率的 5G 网络，帮助我们真正地实现了与世界的零距离、零时差沟通。

1.2.2　大容量连接

过去，接入移动网络的终端是有限的，人们通过手机、PAD 等终端上网，把人联上网。但是，5G 可以让更多的终端都联上网，比如家里的冰箱、空调、橱柜、烤箱、浴缸、汽车等。除了家庭之外，5G 还可以帮助我们连接社区、社会。到那时，无数过去无法上网的终端都将被赋予无线上网的功能。

当越来越多的终端联网，我们就能实现真正的万物互联，并达到"泛在网社会"的目标。所谓"泛在网"就是指网络无处不在，而任何物品都能成为智能终端，我们在任何地点都能顺畅地与任何人、任何物通信。许多人小时候看过很多科幻电影,很多电影中的主人公都有一个个人终端,这个终端可以联通和控制所有的电子设备,几乎无所不能。那些科幻电影的场景将会在不久的将来成为现实。

5G 特有的大容量连接也将推动一场产品革命,因为人们对智能终端的需求会不断增长,而且很多智能终端不可能频繁充电,所以我们需要更好的低功耗技术。假设有一天,街上的垃圾桶都变成了智能的,它不仅可以帮助人分类垃圾,还可以实时监控城市环境卫生情况。但是,智能垃圾桶的能耗会成为新的问题,为了解决这个问题,低功耗技术就会应运而生。

5G 的大容量连接带来的不仅是更多终端,还有更多的新技术、新产品。

1.2.3 低时延传送

低时延传送是 5G 的一个重要特点,前文已经提到过,5G 的网络延迟最高不超过 1 毫秒,而人类能感受到的最低时延是 140 毫秒,所以,对人类来说,5G 的传输是完全实时同步的。

但是,一些精密的仪器要比人类敏锐得多,它们能感受到更细微的时延,并且会受到时延的影响。比如,在 4G 网络下,我们对无人驾驶汽车发出一个刹车指令,汽车从接到指令到做出反应的时间有 40 毫秒(即时延 40 毫秒),在此期间,这辆车又开出去 2 米,很有可能发生危险。把网络换成 5G,情况就会大为不同。由于时延低,无人驾驶汽车可以做到"令行禁止"。

再举个例子,现在的倒车雷达都有较高的延迟,因此司机倒车时一定要慢,否则就会出现车已经撞了,而雷达还没报警的情况。但是有了 5G 以后,这种情况就不会出现了,因为雷达的响应速度几乎可以达到实时的程度。

5G 的低时延除了带来生活上的便利，让自动驾驶、远程医疗等过去只能想象的事变成现实，还可以应用在城市管理、车联网、无人机、生产控制等领域。想象一下，当各种精密工业设备都可以做到"令行禁止"时，误差和故障会减小多少？产能又会提升多少？我想，答案是不言而喻的。

以上三点就是 5G 的最显著特点，也是 5G 技术的三大应用方向，在不久的将来，各行各业都将拥抱 5G，利用 5G 的三大特点创造出更多的效益。商业结构会因 5G 而被重构，我们的社会、文化也会因为 5G 时代的到来而发生变化。

1.3　不只更快，5G 将改写生活与商业

2019 年 2 月，在西班牙巴塞罗那举行的世界移动通信展上，华为 Mate X 5G 折叠屏手机惊艳亮相；同年 11 月，国内三大运营商正式公布了 5G 套餐资费标准，最低为 128 元 / 月，最高套餐 599 元 / 月。

5G 手机的出现和 5G 资费标准的出台，意味着 5G 应用已经走进了普通消费者中间，5G 将正式开始改写生活和商业！

那么，5G 的到来，将会对我们的生活带来怎样的改变？又会催生出多少商机呢？

第 1 章
5G 时代已来，新技术，新产业，新未来

华为 Mate X 5G 折叠屏手机（图片来源：华为官网）

1.3.1　5G 的三大应用场景

5G 的上网速度快，这是人们的共识，也是大家对 5G 最基本的印象。其实，"速度快"只是 5G 的三大应用场景之一，5G 能带给我们的不只是快。

1. 5G 应用场景一：增强移动宽带

5G 的第一大应用场景叫作增强移动宽带，用通俗的话来说就是上网快、下载快。当然，这个应用场景主要解决的问题并不是提高下载速度，而是解决实时交互问题，帮助我们实现高清视频的交互传输。前文中提到的远程手术，就是在这个应用场景下实现的。

2. 5G 应用场景二：大连接、低功耗

5G 的第二大应用场景是大容量、低功耗，这个应用场景将主要作用于遥控、遥测、数据采集类应用，是实现物联网的核心关键。有了大容量的机器连接，我们将实现对万物的实时遥感和管理，而且能够降低功耗，实现节能减排，未来的智慧城市和智慧家居都离不开这个应用场景。

3. 5G 应用场景三：高可靠、低时延应用

5G 的第三大应用场景是高可靠、低时延应用，这个应用场景主要面向工业控制、无人机、无人驾驶等领域。前文中我已经为大家介绍过 5G 的低时延特点，这个特点可以保证机器操作的精准度和安全性，所以这一应用场景可以作用于工业制造和交通行业。

上述三大应用场景其实是从 5G 的三个特点中延伸出来的，它们共同构建了 5G 的应用体系。其中，"海量机器连接"和"高可靠、低时延应用"是 5G 独有的，是它区别于 4G 的最显著特点，这两大应用场景也是 5G 改变生活和商业，撬动巨大市场的两个重要支点。

1.3.2　5G 改变生活

5G 是一个技术色彩很浓厚的概念，在普通消费者心目中它有些抽象，所以大家对 5G 的应用只有一个模糊的印象，很难说清楚 5G 究竟能为我们带来哪些改变。因此，我将化抽象为具象，从终端和空中接口这两个维度来为大家梳理 5G 的应用，看看它究竟能为我们带来哪些便利。

看到这里，有人可能会问：终端和空中接口这两个维度是怎么来的？可以把 5G 移动网络简单地概括为四个部分，它们分别是：终端、空中接口、核心网和管理软件（网管部分）。

事实上，移动通信技术的代际进步，主要体现在终端和空中接口这两个

部分。终端包括手机、PAD、电脑、可穿戴设备等，而空中接口是无线通信中终端与网络设备间的接口，它可以把我们的指令和请求通过终端传输到网络上，也可以让网络上的数据传输到终端。下面，我将从终端和空中接口两个维度来谈谈 5G 在生活中的应用及其未来的可能性。

1. 终端

5G 时代的终端引人遐想，很多科幻电影上出现的设备和场景，都有可能成为现实，折叠屏幕手机已经出现了，还有什么是不可能的呢？我认为 5G 时代的终端会向以下三个方向发展。

（1）感知能力增强

5G 时代的终端会有很强的感应和识别能力，现在的手机上都有人脸识别、指纹识别功能，而 5G 会让这些功能得到增强。美国麻省理工学院的一个研究团队就研究出了一些新算法，这些算法可以采集高清人脸图像，并进行光学测试，通过识别人脸上血管中血液的流速来测量人的心跳和脉搏，这种测量方式可以不需要任何肢体接触，只需要高清图像即可。

如此精细的感知需要强大的计算能力和数据传输能力，只有 5G 才能为这种强大的感知能力提供支持。因此，5G 时代的终端会进化出强大的感知能力，能够精确感知周围的环境。

（2）VR/AR 应用

5G 时代，我们将通过终端实现裸眼 3D。因为要呈现 3D 图像至少需要 3 个高清信道来传递一组同步信息，而 4G 网络的带宽是不够的，只有 5G 网络才能实现 3D 图像的多维度展现。因此，5G 时代来临并为 3D 技术赋能后，虚拟现实（VR）和现实增强（AR）应用将得到极大的发展，相关的终端也会应运而生。

（3）多任务系统

5G时代来临后，各种终端上将出现多任务系统。什么是多任务系统呢？举个简单的例子，现在的手机由于种种客观条件的限制，不能在接电话的同时上网，大家玩手机游戏时最怕的也是突然来电话。但是，到了5G时代这个问题就能够迎刃而解，我们的终端也会逐渐发展出多任务系统，我们可以用终端同时处理多项任务。

以上三点都是未来终端的发展方向，有些功能甚至能在不久以后很快实现，终端上的革命能给我们的生活带来很大的便利，我们的生活方式甚至会因此而发生变化。

2.空中接口

我在前文中提到过，5G的核心是万物互联，而万物互联的实现离不开空中接口技术。空中接口技术提供了巨大的信道容量，能进行超高速、大容量的数据传输，是5G网络实现超高速、大连接和低时延功能的基础。所以，5G的空中接口技术是实现万物互联的前提。

目前，人已经通过互联网和终端实现了交互，5G真正普及以后，物与物之间也会借助互联网实现交互。我们不妨想象一个场景，未来某一天，你需要在公司附近找一个停车位。于是，你将车停在公司附近，然后拿出手机找到自动泊车App，查找最近的停车位，并启动无人驾驶功能，当你坐在办公桌前时，车已经自动停好了。

以上场景中的找车位、无人驾驶都可以通过5G搭配来实现，当然这只是5G带来的一小部分可能性。以上是5G对生活的改变，除此以外，它还将推动技术和商业的变革。

1.3.3　5G 推动技术和商业变革

让我们回到前文中提到的自动泊车场景,在这个场景中我提到了 5G 时代的无人驾驶。在这里,我想继续借着无人驾驶这个话题来谈谈 5G 带来的技术和商业的变革。

无人驾驶体现了 5G 应用中的一些典型技术要素,比如增强显示技术和边缘计算技术。

增强现实就是我们常说的 AR,它是一种将虚拟信息和现实世界巧妙融合的技术。在 5G 的加持下,AR 将会更加成熟,它可以被运用到无人驾驶中。比如结合 GPS 导航,提供实时三维空间导航服务,在现实环境中报告实时的路况信息;提供全新的广告形式,将虚拟广告画面与道路上的真实环境融合在一起,带来具有冲击性的体验;在行车过程中,为乘车者提供娱乐等。很多高科技企业都在开始积极探索 AR 在汽车中的应用。

Futurus 未来黑科技公司就正在开发"基于光场和超材料技术的全挡风玻璃显示器",旨在为驾车者提供增强现实体验,助力无人驾驶。相信在不远的未来,在 5G 的赋能下,AR 技术会让无人驾驶走得更远。

要实现无人驾驶,汽车必须在无人操控的情况下识别各种障碍物和交通信号,并根据道路上的障碍和信号做出反应,这需要大量的计算,我们把这种计算能力叫作边缘计算能力。

增强现实光场平视显示器（图片来源：Futurus 官网）

边缘计算的概念源于传媒领域，百度百科上是这样解释的：

> "边缘计算是指在靠近物或数据源头的一侧，利用网络、计算、存储、应用核心能力为一体的开放平台，就近提供最近端服务。其应用程序在边缘侧发起，产生更快的网络服务响应，满足行业在实时业务、应用智能、安全与隐私保护等方面的基本需求。边缘计算处于物理实体和工业连接之间，或处于物理实体的顶端。而云端计算，仍然可以访问边缘计算的历史数据。"

在边缘计算的定义中，还提到了一个概念——云计算，简单来说，云计算就是把计算任务放到云端，让更强大的服务器来帮忙处理，而云端的服务器是可以共享的，大家可以通过共享资源来完成自己的计算任务。这样一来，计算效率就会大大提高。

可是，云计算虽好，但它在无人驾驶的场景下并不适用。一台无人驾驶汽车上会配备各种复杂的传感器,这些传感器会收集各种海量数据,如果这些数据不能即时处理,而是要传到云端计算后,再向汽车发送指令,就无法做到实时操控,有可能酿成交通事故。

因此,我们需要无人驾驶汽车的车载系统自己成为一个处理的终端,能够自己处理数据、接受指令,这就是我们所说的边缘计算能力。边缘计算可以实时或更快地进行数据处理和分析,让数据处理更靠近终端和边缘服务器,而不是外部数据中心或者云,以缩短延迟时间。在 5G 时代,边缘计算将有更多的应用场景,比如无人机、车联网、无人驾驶等。

通过以上的例子,相信大家已经看出,5G 是一个赋能技术,它能够催生出很多新技术、新应用,能够提供各种各样新的解决方案。如此一来,商业模式注定会发生新的变化,很多企业也因此找到了新的赛道。2019 年 6 月,华为就正式成立汽车领域相关业务部门,全球各大通信商也纷纷开始了新的跨界合作。在后面的章节中,我将一一为大家介绍 5G 带来的新商业模式,以及它带来的智慧医疗、智慧教育、智慧物流、智慧能源、智慧农业等。

4G 改变生活,5G 改变社会,新时代的创业者想要抓住风向、站在潮头,就要具备敏锐的触觉,紧跟 5G 潮流,积极发现新赛道。

1.4 什么是企业掘金 5G 价值的关键

5G 不同于之前的任何一代通信技术,它具有低时延、高速率、大容量三大特性,可以将人与物、物与物连接起来,实现万物互联。关于 5G 的特点和优势,前面我们已经说了很多,它可以改变人们的生活、改变商业模式。那么，对于企业来说，5G 的价值又在哪里呢？

从企业的角度来说，5G 最大的价值不在消费侧，而是在于它为产业带来的颠覆性变革。5G 不能直接产生价值，它必须要与各行各业融合。所谓融合就是将 5G 技术与各行各业结合，进行不同维度资源和渠道的协同，让产业的潜力得到最大程度的释放。

目前，随着 5G 技术的逐渐落地，各国政府和企业巨头们都在加大对 5G 领域的布局力度。中国信息通信研究院的研究表明，2020—2025 年间，5G 技术预计将在我国商用领域直接带动 10.6 万亿元的经济产出，直接创造 3.3 万亿元的经济增长。5G 与云计算、大数据、人工智能等技术的深度融合，也将间接拉动 24.8 万亿元的经济总产出，间接带动 8.4 万亿元的经济增长。

在 5G 的万亿级市场中，参与角逐的已经有中国铁塔、华为以及三大运营商等巨头企业，许多投资机构也在关注着 5G 的商业表现。那么，在 5G 领域中究竟有什么样的商业机遇呢？企业掘金 5G 价值的关键又是什么呢？

1.4.1　巨头推动下的万亿市场

把 5G 等同于 5G 手机是不全面的，5G 意味着全新的生产方式和生活方式，智慧医疗、智慧工业控制、无人驾驶、智慧城市、智慧家居等多种场景都将实现。在 5G 的赋能下，人工智能、边缘计算、物联网、云计算、AR、VR 等技术都将得到长足的发展。

腾讯财讯和鲸准研究院（国内一级市场金融数据服务品牌）联合发布的《2019 解密 5G》报告显示：

第 1 章
5G 时代已来，新技术，新产业，新未来

"中国 5G 行业主要由芯片厂商、设备厂商、终端厂商共同发力推动。其中，芯片厂商以华为海思、中兴微电子、大唐通信等为代表；设备厂商以华为、中兴通讯等为代表；终端厂商包括华为、VIVO、TCL 等，纷纷试水 5G 商用终端研发和商用产品化。"

从目前来看，巨头企业们加入 5G 市场，让创业公司很难从中分一杯羹。但我认为，巨头企业的推动可以让 5G 市场更具活力和规模，创业企业可以从中找到很多机会。创业企业可以从以下两个方面寻找机会：

一是在毫米波（通常将 30~300GHz 频域的电磁波称毫米波）的终端器件、射频模组方面寻找机会。在 5G 时代下，毫米波技术的应用有很大的发展空间。但是，国内的巨头企业在这方面并没有很多积累，这对创业企业来说是一个机会。我认为这个方向的市场规模是相当大的，假如一部 5G 手机上的毫米波终端器件的成本是 20 美元，而我国每年生产 10 亿部手机，估算下来，仅手机上的毫米波终端器件就有约 200 亿美元的市场规模。

二是在边缘计算方面寻找机会。在前文中我们提到过在 5G 时代很多数据都需要实时处理，不能放在云端处理，因此市场对边缘计算的需求会更高，智慧城市、无人驾驶、工业物联网都需要边缘计算。

不过毫米波和边缘计算的技术门槛都比较高，对创业企业的能力有一定要求。而且 5G 产业的发展是一个战略性、长期性的任务，还要融合各行各业，所以，创业企业要把目光放得长远一些，要着眼于未来 10 ~ 15 年。我认为，在 5G 的发展周期里，有各种不同的阶段，各种类型的企业都能在 5G 产业的不同发展阶段中找到机会。

总而言之，在巨头企业推动的万亿级 5G 市场中，创业公司也能够从中找到掘金机会。我认为,创业公司掘金 5G 市场的关键在于寻找垂直市场。

1.4.2　创业公司靠垂直机会取胜

所谓垂直市场,就是细分市场,要知道,5G 市场是一个强调协同合作的生态体系,需要很多企业共同参与,没有一家巨头企业能够独领风骚。

虽然华为、三大运营商等传统通信巨头在规模、资金、研发能力、品牌知名度等方面具有明显优势,但是创业公司也可以在巨头们的供应链上找到生存和发展的机会,在整个 5G 网络的商用市场中找到自己的位置。

在目前的 5G 市场上,有相当一部分创业公司都在巨头环绕的环境中成长了起来,芯翼信息就是其中之一。这家公司成立两年,就获得了三轮投资。不同于华为海思、高通、联发科等以传统手机芯片、通用芯片为主要业务的大企业,芯翼信息主要聚焦细分行业的专用芯片,满足各种碎片化的场景,比如智能表计、智能烟感、智能消防、智能路灯等专用芯片。对垂直细分市场的挖掘,让芯翼信息在竞争激烈的 5G 芯片市场上占据了一席之地。

芯翼信息创始人肖建宏博士表示:"虽然专用芯片的市场规模没有通用芯片那么大,但对创业公司来说,现在的体量是很好的起点。随着物联网的逐步爆发,细分行业的增长潜力是很大的。另外,芯翼信息在某些行业生根之后,也可以迭代进入其他行业。"

5G 行业是一个涉及多个学科、多个行业的交叉领域,对从业人员的综合力要求比较高。因此,各大相关行业都对 5G 人才有较大需求。创业公司想要在 5G 市场有所收获,就要加强人才储备,把握业务方向,专注细分垂直市场。

总而言之，敏锐把握市场风向，专注垂直细分领域，是中小创业企业掘金 5G 市场的关键。

1.5 "万物互联"时代，你准备好了吗

二十多年前，谁也不会想到互联网会与我们的生活有如此紧密的联系，各种基于互联网的产品和服务已经深入到了我们日常生活的每一环节。今天，人人都可以使用互联网，人人都离不开互联网，互联网已经成为和水、电一样的生活必需品。你能想象，没有了互联网以后，我们的世界会是怎样一番景象吗？

经历了从 1G 到 4G 的时代，人与互联网的连接已经密不可分。到了 5G 时代，物与互联网的连接也正在加速构建，"万物互联"的时代即将到来，你准备好了吗？

1.5.1 什么是物联网

所谓"万物互联"就是将海量设备连上互联网，形成一个庞大的物联网。在前面的内容中，我们提及的物联网，相信大家对于物联网已经有了一个感性的认知。说白了，物联网就是把各种终端设备接入互联网，让它们形成一个可以互联互通的网络。在百度百科中，物联网的定义是这样的：

"物联网（The Internet of Things，简称 IOT）是指通过信息传感器、射频识别技术、全球定位系统、红外感应器、激光扫描器等装置与技术，实时采集任何需要监控、连接、互动的物体或过程，采集

其声、光、热、电、力学、生物、位置等各种需要的信息，通过各类可能的网络接入，实现物与物、物与人的连接，实现对物品和过程的智能化感知、识别和管理。物联网是一个基于互联网、传统电信网等的信息承载体，它让所有能够被独立寻址的普通物理对象形成互联互通的网络。"

未来几年，可以接入物联网的设备将包罗万象，大到飞机、轮船、集装箱、生产线，小到家用电器、插座、开关、手表、项链、衣服、眼镜等。当然，要形成真正的物联网，并不仅仅只是将各种设备接入互联网，还要将这些设备智能化。比如，智能手表不光能上网，还能实现人机对话；智能摄像机不仅能远程操控，还具备人脸识别系统，可以追踪拍摄目标。目前，有一部分设备已经实现了智能化，相信在相关技术成熟后，所有的设备都将智能化，真正的万物互联、互通必将实现。

早在1995年，比尔·盖茨就在他的著作《未来之路》中提到了物联网的概念，但是并没有引起广泛重视。1999年，中国科学院提出了"传感网（与物联网的意思相同）"的概念，并启动了传感网的研究和开发。直到2005年，国际电信联盟（ITU）才发布了《ITU互联网报告2005：物联网》，正式提出了物联网的概念。

从物联网的发展历程中可以看出，它并不是一个新概念，它已经经过了几十年的发展，但受技术水平和网络条件的制约，一直都未能引爆。而5G的出现，正好给了物联网一个绝佳的发展机会，5G具有高速率、低时延、大容量的特点，这恰恰是物联网发展和壮大的必备网络条件。在5G的赋能下，物联网必将迎来井喷式的发展。

1.5.2 物联网能做什么

我们已经知道了物联网是什么，下面我们来看看物联网究竟能做些什么。事实上，物联网的应用是非常广泛的，下面我给大家列举一些比较常见的物联网应用。

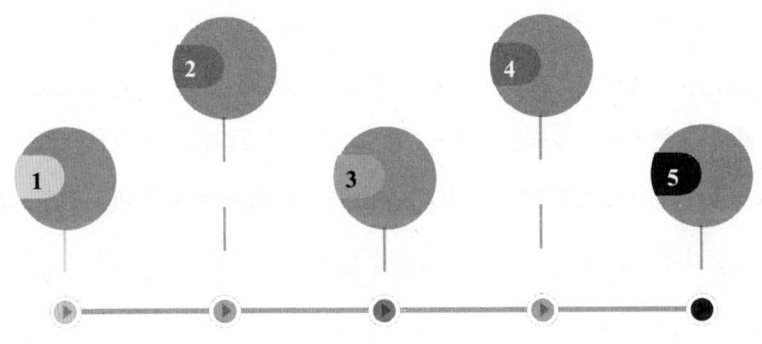

常见的物联网应用

1. 智能家居

通过先进的计算机技术、物联网技术和通信技术，我们可以将家居生活中的各种子系统（如水、电、供暖、照明等系统）有机地结合起来，并进行科学的统筹管理，让家居生活更加安全、高效和舒适。

2. 智能交通

所谓智慧交通，就是将信息网络、智能传感、通信传输、数据处理等技术有效地结合起来，并应用到整个交通系统中，让整个交通系统能够更加高效地协同合作。

3. 智能医疗

5G 赋能下的物联网可以实现远程诊断和机器诊断，尽管目前的技术还不成熟，但这是未来物联网发展的重要方向之一。因为远程看病可以提高效率，机器诊断可以分担医护人员的工作量。

4. 智能零售

过去几年，几乎人人都感受到了新零售带来的重大改变，物联网零售终端迅速涌现并突飞猛进。但从过去来看，这种变革主要集中于价值链的前端即营销，而对价值链的后端，如生产、仓储、运输等环节的影响相对较低。

在未来，新零售将与 5G 技术产生大量关联，将以高效物联加速生产、仓储、运输等后端环节的变革发力，真正实现端到端数字化。在这方面，不少垂直企业已经做好冲刺 5G 的准备，它们将是一股蓄势待发的力量，也将是行业变革的助推器。例如，财货通智能终端保险仓，针对 3C 数码新零售仓储管理环节，利用射频识别系统、震动传感、定位系统、人脸识别摄像头等物联网技术，结合大数据、云计算，为 3C 数码零售业合作伙伴提供智能、安全、高效、共享的仓储管理服务，解决"仓储繁、管理难、占用面积、占用资金、库存积压、耗费人工"等传统仓储管理难题。同时，充分发挥大数据的统计、协同、预测、优化作用，在 5G 东风来临之际，助力数码零售打造集物流、信息流、资金流于一体的物联通路。

5. 智能电网

智能电网是一个集传感、通信、计算、决策与控制为一体的综合系统，这套系统可以获取电网中各层节点的运行状态，并根据运行状态进行分层管理和科学的电力调配，以达到提高设备的利用率、安全可靠生产的目的。智能电网的应用可以实现节能减排、提高用户供电质量、提高可再生能源利用效率等目标。最重要的是，智能电网能够实现能量流、信息流和业务流的高度一体化，可以极大提高电力系统运行的稳定性。

6. 智能工业

智能工业是指将具有环境感知能力的各类终端融入工业生产的各个环节，大幅提高生产效率，改善产品质量，降低产品成本和资源消耗，让传统工业实现智能化转变。智能工业的应用范围包括生产环境监测、生产过程控制、产品全生命周期监测、制造供应链跟踪、促进安全生产和节能减排。

在本书后面的章节中，我还将继续为大家介绍 5G 技术赋能下的物联网应用。总而言之，物联网的应用将深入各行各业，它是一个极具市场潜力和商业前景的领域，值得我们关注和期待。

1.5.3 物联网的市场潜力

根据互联网数据中心（IDC）的测算，到 2020 年全球具备物联网特质的物品将达到 280 亿件，2025 年将进一步增至 500 亿件。美国思科公司（全球领先的网络解决方案供应商）预测，未来 10 年全球物联网产业规模将超过 14 万亿美元。从这些预测中我们可以看到，物联网的市场潜力是非常巨大的。

目前，中国物联网的整体发展水平处于世界前列，是全球最大的 M2M（Machine to Machine，机器到机器）市场之一。关于物联网，中国物联网的 10 年发展目标是初步建成物联网技术与应用的创新国家，积极提升物联网应用水平，参与物联网国际标准制定，建立包括网络、芯片、软件、终端机在内的完整产业链。

中国是全世界人口最多的国家，同时也是全球物品和终端最多的国家，这意味着全球最大的物联网市场在中国，中国将引领世界物联网的发展，中国企业也将在物联网领域占据优势。

"万物互联"的时代即将来临，因物联网而诞生的庞大市场正等着企业去开拓，物联网带来的美好生活也正在向我们招手，让我们共同期待"万物互联"的到来吧！

【热点问答】

中国为什么提前一年加速发放 5G 牌照

2019 年 6 月 6 日，国家工信部向中国电信、中国移动、中国联通、中国广电发放了 5G 牌照，正式拉开了 5G 商用的帷幕。

其实，在 2018 年年底，政府就已经向三大电信运营商发放了 5G 试验网的频率。其中，中国电信和中国联通分别获得了 100M 带宽的 5G 频率资源，而中国移动因为用户较多，分配到了 200M 带宽的 5G 频率资源。三大运营商的 5G 试验网频段属于厘米波波段，实验开展以后，三大运营商都积极搭建了自己的 5G 实验网，并对其性能指标和客户体验进行了测评。

经过半年的测评，三大运营商和相关部门均认为，试验网的服务质量和某些性能指标已经达到了商用水平，再加上社会上对于 5G 的需求已经日益迫切，于是 5G 商用牌照的发放也就水到渠成了。那么，为什么会说中国的 5G 商用牌照是提前发放的呢？这种说法的依据又是什么呢？

第 1 章
5G 时代已来，新技术，新产业，新未来

事实上，只要大家了解 5G 的法定名称"IMT-2020"，就能明白"提前发放"这一说法的由来了。这里的 IMT 是国际移动通信技术的英文缩写，数字 2020 则代表年，也就是说 2020 年才是 5G 真正的元年。移动通信技术的发展遵循十年一个周期的规律，2G、3G 和 4G 分别出现在 1990 年、2000 年和 2010 年。因此，中国在 2019 年 6 月发放 5G 商用牌照，的确是提前了。

另一方面，5G 的三大应用场景中，"增强移动宽带"和"低功耗，大连接"的标准已经出台，第三个应用场景"高可靠，低时延"的标准计划于 2020 年 6 月推出。这样看来，中国 5G 商用牌照的发放似乎显得有些过早了。

但是，提前发放 5G 商用牌照，对中国来说是一个不得不做的选择。做这个选择的理由有三个：

第一个理由是社会对 5G 的需求已经迫不及待，而且，我国的 5G 产业链已经趋近于成熟，5G 网络基础设施可以用分步走的方式来逐步发展，5G 相关的应用也可以通过市场来慢慢培育，所以提前发放 5G 商用牌照并不是揠苗助长，而是瓜熟蒂落。

第二个理由是为了应对激烈的国际竞争，近年来，美国等国家为了遏制中国 5G 技术的领先地位，对华为等中国高科技企业进行了多方面的打压，这次中国提前发放 5G 商用牌照，就是对这种打压行为的一个有力回应。

这个回应是向国际社会表明，中国自己的市场足够大，我们有信心发展自己的 5G 产业。但是，我们也不会排斥外国的先进技术，因为中国的 5G 市场是领先的，更是开放的，任何国家想要发展 5G

都无法回避中国这个大市场，中国的 5G 产业想要做大做强，也必须拥抱国际市场。

第三个理由是中国 5G 商用牌照的发放条件已经成熟，目前中国的部分 5G 产品已经进入了商用阶段，比如，面向普通消费者的可穿戴设备、智能家居各种智能终端以及各类软件和平台等；还有面向企业和行业客户的整体解决方案、各种传感器、通讯终端等。

从芯片到终端，从基站到网络主设备，我国的 5G 产业链已经初具规模，具有巨大的潜在经济价值，能够拉动巨大的信息消费和经济增长。在中国，5G 商用已经蓄势待发，发放牌照是一个信号，也是一个开端，它预示着中国 5G 产业即将迎来美好的明天。

第 2 章
5G 时代，真正能赚钱的商业模式是怎样的

  5G 商用牌照的发放，标志着 5G 将进一步与各行各业深度融合，也预示着过去的商业模式即将被改写。面对 5G 时代的大变局，企业和运营商都要找到属于自己的商业模式。因为，只有商业模式才是 5G 时代制胜的关键。

2.1 5G 时代的成功，是商业模式的成功

对于商业领域而言，5G 技术的出现就如同一场地震，5G 商用牌照的发放，不仅标志着 5G 应用即将全面深入各行各业，更意味着商业模式即将被重构，旧的商业模式会被淘汰，新的商业模式会在 5G 技术的赋能下应运而生，很多行业都会迎来新的变局。

面对充满未知数的 5G 时代，企业应该怎样合纵连横，在巨变中抓住机遇呢？为了解答这个问题，我们首先要弄清 5G 商业模式的特征。

2.1.1 5G 商业模式的特征：多元、融合

2017 年，中国移动、华为和上汽集团在世界移动大会上宣布，共同构建以 C-V2X 技术（蜂窝车联网技术）为核心的下一代车联网智能出行服务。

C-V2X 技术可以实现人—车—路协同，它能让车更智能，让路更聪明，出行更安全，也可以让汽车成为下一个高级智能移动终端。在中国移动、华为和上汽集团这三巨头共同推进下，C-V2X 即将实现真正的落地。

汽车领域的跨界合作是 5G 的重要商业应用之一，5G 还将在农业、能源、医疗、家居、物流等行业展开。不可否认的是，要让 5G 在各个行业落地，仅仅依靠电信运营商是行不通的。企业也应该意识到，面对产业变革的大趋势和时代发展的潮流，识时、应势、求变，才是唯一的出路。在 5G 商用全面普及的前夜，企业最应该关注的是如何进行商业模式创新，如何顺应 5G 时代的潮流，找到合适的商业模式。

那么，5G 时代的商业模式是什么样的呢？我认为，融合与创新是 5G 时代商业模式的最大特征。

众所周知，5G 具有高速率、低时延、大容量的特点，可以满足消费者对 AR、VR、超高清视频等体验的需求，能够有力地推动各行各业的数字化转型，加速智能制造、自动驾驶、智慧医疗等应用的落地，实现真正的万物互联。由此可见，5G 不是单独存在的，它会深入到各行各业，让 IT 技术为各行各业赋能，在这个过程中必然会产生跨界与融合，比如 VR、AR 行业与医疗行业融合，共同助力智慧医疗；传感器与汽车融合，助力无人驾驶。

对于运营商而言，5G 时代不能再走流量模式的老路，要注重与各行业的融合创新。对企业来说，商业模式创新和跨界求变，才是弯道超车之路。

2.1.2 如何进行 5G 商业模式创新

前文中，我一直在强调商业模式创新，那么企业应该如何进行商业模式创新呢？众所周知，商业模式创新是一个创造需求、满足需求的过程，为了更好地推进 5G 时代的商业模式创新，我们应该始终把客户需求放在第一位，并把握以下六大关键要素。

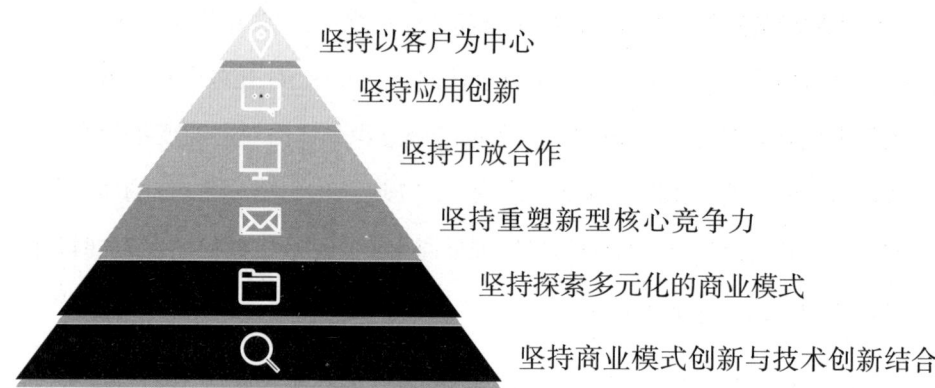

5G 商业模式创新的六大关键要素

1. 坚持以客户为中心

以客户为中心,是一切商业模式的准则,到了 5G 时代也同样如此。华为董事长任正非在接受记者采访时曾经说:"华为的所有哲学就是以客户为中心,就是为客户创造价值。"因此,在 5G 时代我们也要以客户为出发点和落脚点,全面提升客户体验。无论任何商业模式,想要取得成功,就必须取悦客户、成就客户,一切以客户为中心,为客户创造最大价值。

2. 坚持应用创新

5G 具有先进的技术优势,可以渗透到生产、生活的各个方面,衍生出各种各样的产品,为应用创新打开了一个巨大的想象空间,因此,企业要把目光聚焦在应用创新上。5G 产品主要包括连接、终端、服务、行业应用整体解决方案等,行业应用也是 5G 发展的重要市场,企业可以结合行业特点来发展新应用。

第 2 章
5G 时代，真正能赚钱的商业模式是怎样的

3. 坚持开放合作

5G 时代，当企业面向客户推出各种产品和服务时，一定少不了产业链上下游企业的配合。因为未来只有很少的企业可以完全独立地开发一款产品和服务，大多数企业都要和产业链中的其他企业合作。所以，企业要加强与产业链合作伙伴、客户、电信运营商和政府部门的广泛合作，这也是 5G 商业模式创新的关键核心之一。

在实践中，企业要用开放的姿态，积极与合作伙伴开展多种形式的合作，实施跨界经营，只有这样才能实现多方共赢。

4. 坚持重塑新型核心竞争力

面对新形势，很多企业或行业的传统优势和经验已失去了竞争力。企业必须重塑自己的核心竞争力，提升自己的应用创新能力和跨界资源整合能力，加强自己在垂直行业内的运营能力，避免在 5G 时代陷入管道化的风险。

5. 坚持探索多元化的商业模式

发展 5G 的最终目的是获取社会效益和经济效益，为了达到这个目的，企业和运营商都要积极探索多元化的商业模式，以获得更加多元化的营收。5G 的高速率、大容量和低时延特点，也为 5G 时代的多元化商业模式创造了条件。

5G 时代的主要商业模式有四种，分别是基于流量的商业模式、基于平台的商业模式、基于网络切片的收费模式、基于完整解决方案的商业模式。在本章的后面几节中，我将详细为大家介绍这四种商业模式。

6. 坚持商业模式创新与技术创新结合

iPhone 之所以取得了商业上的巨大成功，不仅仅因为它运用了新技术，

而且是把新技术与优秀的商业模式结合了起来。比起技术上的创新，苹果在商业模式上的创新更令人瞩目，它开创了"硬件＋软件＋服务"一体化的商业模式，掀起了智能手机领域的革命。

从苹果公司的例子中，我们可以看到，在 5G 时代要取得成功，不仅需要技术创新，更需要商业模式的创新。只有做到商业模式创新与技术创新双核驱动，企业才能在 5G 时代取得成功。

4G 改变生活，5G 改变社会，只有抓住 5G 时代的发展机遇，在商业模式上创新，才能赢得市场和客户。企业要始终记得，5G 商业模式创新的核心就是客户，只有坚持为客户创造价值、打造多方共赢的生态圈，才能在市场上立于不败之地。与此同时，企业还要在运营管理、团队建设、企业文化等方面进行革新，为 5G 发展创造良好的内部环境。

2.2　5G 商业模式一：基于流量的商业模式

基于流量的商业模式，是 5G 商业模式之一，它是指通过数据流量消费获得营收的一种商业模式。

思科数据在 2019 年 3 月发布的一份报告中指出，预计到 2022 年，单个设备的平均数据流量将增长到 11 GB/ 月，其中 5G 连接将占到 3.4% 的比例。

其实，对中国市场而言，思科数据的预测略显保守了。5G 的超大带宽（以 GB 为单位），将使单个设备的流量消费呈直线上升，我预计，在未来三年内 5G 用户综合设备累计平均流量将突破 100GB/ 月的关口。

第 2 章
5G 时代，真正能赚钱的商业模式是怎样的

从上述预测中可以看到，5G 流量消费市场拥有巨大的上升空间。因此有理由相信，基于流量的商业模式一定可以在 5G 时代获得成功。

2.2.1　3G～4G：流量商业模式的崩塌

事实上，基于流量的商业模式曾经经历过快速的崩塌，最近的一次崩塌发生在 3G 时代，具体表现是"电信行业量收剪刀差迅速而不可逆的扩大"。我认为，我们有必要分析一下这次商业模式的崩塌，并以此为鉴，为 5G 时代的流量业务做好准备。

3G 时代，基于流量的商业模式之所以迅速崩塌，原因有三点。

1. 无法跳出语音业务的思维定式

尽管在 3G 末期，中国电信、中国联通、中国移动三大运营商都提出了流量经营的概念，并将之提升到了战略高度。但是由于对流量这个"新物种"认识不足，无法跳出语音业务的思维定式，运营商们还是选择了基于使用量的定价模型。这种定价模型让很多人对流量望而却步，运营商的营收反而受到了影响。

2. 同质化引发的价格竞争

同质化的流量战略引发了激烈的价格竞争，运营商们也开始打价格战。由于业务和服务方面缺乏创新，运营商们不得不依靠价格战来抢夺用户。在三大运营商的认知中，每一次移动通信技术的升级，都是一次改变市场地位的机遇。因此，三家运营商都采取了激进的市场策略，往往到了最后，价格战就成了唯一选项。打价格战的结果只能是两败俱伤，三大运营商都没能成为这场"战争"的胜利者。

3. 来自管理部门和公众的流量降价压力

过去三十年来，我国电信运营行业还没有遭遇过大规模亏损和增长停滞，这就让外界形成了一种印象：电信运营行业是永远盈利的，只涨不跌。因此，运营商成为人们眼中享受改革红利的排头兵，也成为"降费"管制的主要目标。

2.2.2 5G：流量商业模式的重建

到了 5G 时代，基于流量的商业模式将得到重建。流量商业模式的重建可以分为以下两个阶段。

1. 5G 早期：延续 4G 时代的流量商业模式

5G 早期，将延续 4G 时代的流量商业模式，即基于使用量的基本定价模式。在这种模式下，会发生两件事。

第一件事是电信运营商为了让 5G 连接数迅速增加，于是进行大规模的终端补贴以降低使用 5G 网络的门槛，比如办套餐送手机、分期付款买手机等。不过，同样的故事在 3G 和 4G 时代已经发生过了。

第二件事是运营商之间发生网络竞赛，即运营商大肆争夺视频内容资源，包括短视频、娱乐视频、体育视频、行业视频等。

以上两件事都将导致市场的混乱，如果运营商能保持耐心和克制，不要急着"做大"5G 这块蛋糕，或许可以避免终端补贴大战和网络竞赛。不过，做到冷静和克制需要运营商具有差异化的战略定位，以及对市场地位变化的容忍。为了流量商业模式的健康发展，运营商还要把运营重点从用户增长转移到用户价值挖掘上来。

然而，很多事情都是知易行难，运营商们已经习惯了管道定价思维，用户和管理部门也形成了思维定式，短时间内，新的流量定价模式还无法出现。目前很少有人对流量定价模式进行深入研究，也很少看到有相关的学术论文发表，行业内也很少召开相关的研讨会。这说明运营商们与学术界的关系并不紧密，可是在面对重大发展瓶颈时，运营商应该回到理论上来，从理论层面找到突破的可能性。

2. 5G后期，流量商业模式的变化和创新

到了5G后期，基于流量的商业模式将发生变化和创新。5G具有低时延的特点，因此能够看实时直播、获得实时信息传输服务。基于这个事实，运营商可以把流量分为实时流量和非实时流量，并分开计费。比如，实时流量的定价应该参照内容时间的价值来定价，而不该按使用量来定价。

这种分开计费的模式在5G时代才能实现，为什么这么说呢？因为只有5G网络才能满足体育赛事的实时流量传输的需求。类似行业还有交通监控、仓储监控等。

我们还可以从可用性的角度出发来为5G流量计费。比如，我们可以把5G流量分为可靠流量和不可靠流量，流量的价格可以参照数据传输采集系统的建设和运维成本来制定。

那么，用户既要求流量有实时性，又要求流量可用性高的时候，运营商应该怎样计费呢？我认为，在这种场景下，可以按照流量的安全可靠登记来为流量计费。当然，基于使用量的流量计费方法还会继续存在，但只适合于小流量、非实时的业务场景。

5G作为一种通信技术，是一种赋能手段，它会与各行各业融合，如果运

营商还坚持按照使用量来计费的话，最终的结果将是双输。运营商应该在适当的时机，对 5G 流量的计费方式进行改革，以达到与用户共赢的目的。

2.3　5G 商业模式二：基于网络切片的商业模式

几年前，我和一个企业家吃饭，期间有个运营商客服给这位企业家打了个电话，非常热情地向这位企业家推销他们的新套餐。客服告诉这位企业家，他之前每个月话费都是好几千，如果使用一个为经常出国人士定制的新套餐，每个月可以节省话费一两千元。

按照我们一般人的想法，这位客服推荐的套餐是很合理的。但这位企业家却说："这个运营商脑子有问题。"因为他根本不在乎一两千元钱的话费，他想要的是差异化的通信产品和服务。什么是差异化的通信产品呢？打个比方，大家在飞机上都不能打电话，但我能打，这就是差异化的通信产品。

5G 时代到来以后，运营商面对的客户不仅有个人客户，还有行业客户和企业客户，由于行业不同，行业客户对通讯服务的诉求也就不同。5G 时代，差异化通讯产品的需求会越来越大，而且只有差异化的产品和服务，才能拥有更高的溢价。

那么，运营商有能力为客户能提供差异化的通信产品吗？

答案当然是肯定的，运营商只需要利用一个小小的"魔术棒"就能为客户提供差异化的通信产品，这个"魔术棒"叫作网络切片技术。

基于网络切片的商业模式，是 5G 时代的另一个重要商业模式，在分析这

第 2 章
5G 时代，真正能赚钱的商业模式是怎样的

个商业模式之前，我们首先要知道什么是网络切片。

2.3.1 什么是网络切片

网络切片就是运营商在统一的基础设施上分离出多个虚拟的端到端网络，并将每个网络切片从无线接入网、承载网再到核心网上进行逻辑隔离，以适配各种类型的应用。

如果你还不明白，我再打一个简单的比方，假如你要定制一辆汽车，而4S店将汽车分成了不同的模块，于是你就可以将不同的模块进行组合，得到一辆心仪的汽车。网络切片就好比那些汽车的模块，可以满足客户对网络个性化定制的需求，做到快速灵活，按需智能。

为了更形象地理解网络切片及其功能，我们可以把 5G 网络想象成一个三层蛋糕，蛋糕的每一层依次往上叫作接入云、转发云和控制云。

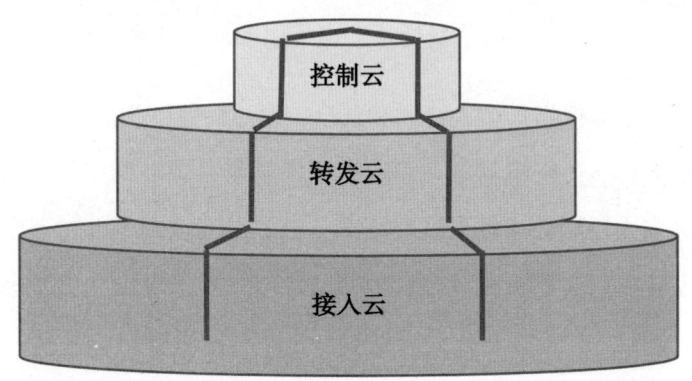

网络切片示意图

接入云支持用户在多种应用场景和业务需求下接入，提供边缘计算能力，这也就是离我们身边最近的那朵云；转发云主要负责上传下达；控制云负责

全局的策略控制，相当于一个人的大脑。

把这个三层蛋糕纵向切开，就是网络切片。运营商可以按客户要求把"蛋糕"切成大小不同的小块，但是无论多小，这些"蛋糕块"都完整包含了三层的功能，即接入、转发和控制。也就是说，每一个网络切片像是从 5G 网络母体中生出的孩子，具备 5G 网络的所有基因和功能。

有了网络切片，运营商就能够在一个通用的物理平台上构建多个专用的、虚拟化的、相互隔离的逻辑子网络，来满足不同客户对网络的不同需求。这就好比我们给不同的车辆配备了不同的专用车道，有柏油马路，有国标道路，也有赛车跑道，大家各自井然有序地在自己的跑道上奔驰，既满足了不同车辆的需求，也相互隔离，保证了安全性。

2.3.2 网络切片的商业应用

了解了网络切片的含义以后，我们再来看看它将怎样应用到商业领域的，网络切片即可以应用于普通消费场景，也可以面向行业客户。

比如，云端虚拟场景多人协同和共享，是 AR 界巨头们的重要研发方向，是未来最重要的 AR 应用场景。而这个应用场景必须有网络切片做支撑，因为虚拟场景多人协同要求场景实时下载，互动信息实时同步给其他用户，所以这个应用场景不仅要求 5G 网络提供更大带宽和更低时延，还必须提供网络切片服务。

再比如，某地发生了大地震，人进入灾区很危险，那么我们就可以远程遥控车辆进入灾区。而远程遥控车辆，就需要将车辆采集的多路高清视频，实时传送到远端驾驶控制台。我们预计高清视频的上行速率超过每秒 50MB，而控制台对于车辆的控制信号需要超低时延下发，要在 10 毫秒内传递到几十公里以外的车辆上,从而达到与驾驶员在车内驾驶同样的效果。

综上所述,远程遥控驾驶场景对通信网络的关键网络切片需求就是大于每秒 50M 比特的高上行带宽,超低时延小于 10 毫秒,高可靠性大于 99.999%。

类似的例子我还可以举出很多,网络切片可以应用于多个场景,它的市场前景非常广阔。5G 网络切片是运营商的一个进入行业市场的机会和抓手,良好的网络部署和合理的商业运作,将为运营商带来众多垂直领域的新业务和新利润区,让 5G 走出网络业务融合的关键一步。

2.4 5G 商业模式三:基于平台的商业模式

学者王生金为基于平台的商业模式下了一个清晰的定义:"平台模式是一种通过构建多主体共享的商业生态系统并且产生网络效应以实现多主体共赢的一种战略选择。"

从这个定义中,我们可以看出基于平台的商业模式是多方共同参与的,但在多方主体中,平台提供方占主导地位。不过这种主导是运营的主导,而不是商业利益分配的主导。

此外,基于平台的商业模式有一个核心任务,那就是构建和放大网络效应。基于平台的商业模式能否成功,取决于网络效应能否形成并稳固。

从定义中,我们还可以得知,基于平台的商业模式的目标是形成商业生态系统。为了达成这一目标,基于平台的商业模式还需要以下几个基本要素。

基于平台的商业模式的基本要素

平台商业模式的基本要素	描述
连接	5G时代,各行各业对网络连接的需求都很高,只有电信运营商才具备提供网络连接的能力。因此,电信运营商势必会加深和拓宽与其他行业的跨界合作
数据	数据是平台上缺一不可的宝贵资源,通过电信运营商获得的数据具有元数据(描述数据的数据)的特征
关系	对人与人、人与物、物与物之间关系的掌控能力,是构建多边平台网络效应的核心竞争力。
资本	5G时代的平台必须具备金融属性
工具	平台中应具备各种可以创造价值的工具

到了5G时代,平台变得非常重要,基于平台的商业模式也拥有无限潜力。

2.4.1 5G时代,平台商业模式至关重要

进入5G时代,基于平台的商业模式变得至关重要,这是为什么呢?原因并不复杂,主要有以下五点。

第一点原因,5G具有高速率、低时延、大容量的特征,并且它已经不再以满足人与人之间沟通需求为主要目标,未来,5G面向的是各行各业。因此,我们需要一个平台协调业务、整合资源。

第二个原因,5G将作为一种生产力要素与各个行业融合,各个行业都会利用5G重构自己价值链、提升自己的生产力。

第三个原因,传统行业缺乏拥抱数字化的能力。

第四个原因,运营商自身没有足够的行业知识,因此需要以平台提供者

第 2 章
5G 时代，真正能赚钱的商业模式是怎样的

的角色来切入。

第五个原因，运营商拥有数字化产业的整合优势，运营商的平台在市场上具有独特的竞争优势。

基于以上五个原因，平台模式是非常适合运营商的商业模式。在这种商业模式中，运营商不仅具有天然的优势，而且能够更好地与各行各业融合。

2.4.2 客户一体化平台是平台商业模式的关键

客户一体化平台是平台商业模式的关键，以前的三大运营商都处于客户割据运营的状态，每个地方的产品和服务都具有强烈的地域特色。在移动互联网流量经营的时代，这种客户割据运营的状态为运营商的发展带来了很大的阻力，也因此被互联网公司抢走了不少市场。进入 5G 时代后，运营商应该认真反思自己，认识到客户一体化运营才是最关键、最根本、最有竞争力的优势。

任何平台在启动之初，参与的玩家都会考虑，平台上的其他玩家能否为自己带来足够多的用户，并形成网络效应。但是，在运营商的平台上就不需要担心这个问题。因为运营商拥有庞大的客户群体，这个客户群体数量过亿，而且可以直接触达。这对运营商平台上边的玩家来说，是无法放弃的诱惑。

运营商一定要认识到，客户一体化运营是平台商业模式的关键。事实上，运营商应该和行业客户互为客户，是构建 5G 时代基于平台的商业模式的关键所在。运营商要意识到，5G 网络作为一个通用技术，最大价值已经不再是连接的能力，而是它带来的客户资源。

以上是我对于 5G 时代基于平台的商业模式的分析，希望企业和运营商能

够正确认识平台，以平台为依托，获得商业上的盈利。

2.5　5G商业模式四：基于完整解决方案的商业模式

为了让大家更好地理解基于完整解决方案的商业模式，让我们先来看一个案例。

美国罗宾逊物流公司创建于1905年，已有100多年的历史，它也是北美最大的第三方物流公司之一。罗宾逊物流的主要业务是为客户提供各种运输服务，以及完整的后勤运输解决方案。

罗宾逊物流公司拥有全美最大的卡车运输网络，但是却没有全美最多的卡车，因为它是"无车承运人"。用中国的说法，罗宾逊物流类似于一个拼车配货站。

可能有人会问，为什么物流公司没有车？如果你能理解为什么出租车公司优步（Uber）没有汽车和司机，为什么商旅住宿平台爱彼迎（Airbnb）没有酒店和物业，那么，你就一定能理解你罗宾逊物流为什么没有车。

罗宾逊物流的运行模式与优步、爱彼迎类似，都是依靠信息调度来进行运营的共享经济。只不过优步和爱彼迎是进行生活资料的共享，而罗宾逊物流是进行运力和运能的共享。

罗宾逊物流的114亿美元的营收规模，远远超过联邦快递和UPS等拥有超过万辆卡车的物流巨头。罗宾逊物流的成功离不开它的货物网络信息系统平台。

这个平台一头用来连接运输商，另一头用来连接客户。平台的具体操作方式是这样的：

如果客户有运输需求，罗宾逊物流就会向客户抛出免费的导航球，客户注册账号并填写货运目的地、日期等完整的资料。然后，系统平台会根据客户的时间和价格要求帮他们搭配物流组合，最后给出几种完整的解决方案，展现在导航球上，以供客户选择。

我们可以看到，罗宾逊的商业模式除了共享经济模式以外，还有基于完整解决方案的商业模式，它为客户提供完整的运输方案，客户不需要自己操心，就能以最高效、最低成本的方式完成运输任务。

2.5.1 什么是基于完整解决方案的商业模式

看了以上例子，相信大家对于基于完整解决方案的商业模式已经有了一个感性的认知。上述案例中的解决方案只是针对个体客户的，还有一些解决方案是针对企业和行业的。比如，运营商可以利用5G的优势，为工业企业提供一整套解决方案，帮助工业企业提升生产效率，优化资源配置，整体解决方案可以按年收费。相较前三种商业模式，基于完整解决方案的商业模式拥有较高的附加值。

要为客户提供完整解决方案，就要熟悉客户的情况。如果面对的是行业客户，还要充分了解该行业。充分了解客户后，才能设计出与客户契合的商业模式。

2.5.2 完整解决方案的三大优势

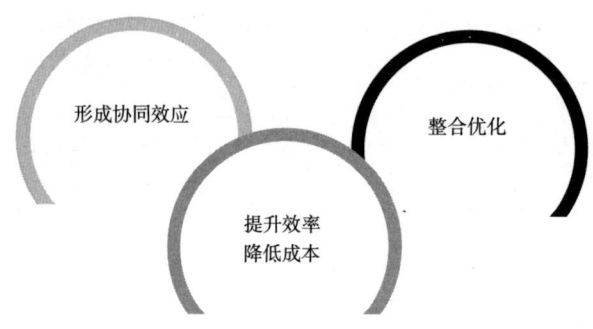

完整解决方案的三大优势

1. 形成协同效应

这种联网运行,还可以让我们通过及时监控所有设备的运行状况,使相关设备之间能够相互协同工作,通过多设备间的协同效应,进一步提升工作效率。

有了5G技术,我们可以为企业设计一个整体的智能化系统,可以在单设备智能化的基础上,依靠5G通信网络、工业无线电、近场通信NFC等技术,让越来越多的设备相互连接,从而实现网络化的协同工作能力。

企业中的生产设备有了协同能力以后,系统可以非常方便地监测全局的运行状况。如果出现故障,系统就能迅速找到故障位置,这样一来,排除故障的时间就大大缩短了,维修成本也会随之降低。

2. 提升效率、降低成本

美国通用公司在2013年提出工业互联网概念之后,已经陆续推出几十种移动互联网企业级解决方案。这些方案涵盖了石油、天然气平台、铁路机车、医院管理、风电机组、电力输出、配电系统、云医疗等领域。使用了整体解决方案后,这些行业或机构都不同程度地提升了管理效率,降低了运营成本。比如,美国圣卢克医疗中心就使用了通用公司提供的整体解决方案,将病人的数据、机器诊疗所需要的医疗设备进行分析,实现医疗资源的优化配置。运用这套解决方案后,圣卢克医疗中心病人平均就诊时间缩短了将近一个小时。

3. 整合优化

本节开头提到的罗宾逊物流模式的主要特点就是运能和运力的整合与优化。比如,某个客户有一批货物需要运输,他可以把相关的货量、路线和时间等信息发布在罗宾逊物流的货运平台上,平台会通过一系列算法找到货主与承运商的最佳匹配方案。这种匹配方案不仅方便了货主,也很好地降低了运输车辆空驶率,为中小货运企业降低了成本。

目前,罗宾逊物流已经把企业货运平台进一步拓展到了航空、水运、铁路和公路等领域,并对客户的服务进行延伸,包括运输整合、进出口报关清关等。这是一个非常典型的基于完整解决方案的商业模式,也是 5G 时代的最佳商业模式之一。

【热点问答】

5G 技术下企业创新和盈利的基本法则是什么

在 5G 时代,企业创新和盈利的基本法则有五条。我希望这五条法则能够使大家充分了解,5G 的平台架构是什么样的。

那么，5G 时代企业创新和盈利的五条基本法则是什么呢？

5G 时代企业创新和盈利的五条基本法则

法则一：掌握数据霸权。数据是企业的宝贵资源，通过数据分析，企业可以实现对客户的精细化运营。

法则二：分别在需求侧或供给侧构筑市场力。这条法则的意思是企业可以在双边市场或多边市场的某一边放水免费，然后从另外一边获得利益。不过这种做法有一个很大的弊端，那就是容易造成"大树底下寸草不生"的结果。

比如，2018 年夏天谷歌被罚款 40 多亿欧元，罚款的依据是"谷歌利用行业的支配性地位，控制了所有的需求侧"。这就导致了一个情况，谷歌控制需求侧（需要购买应用的消费者）以后，使得供给侧的提供者，特别是小企业不得不把自己的应用放到谷歌的平台上来卖，这种模式很容易滋生垄断。因此，这条法则不一定适合所有企业，同时也需要一些规则来制约。

法则三：形成规模经济性。所谓规模经济性就是我们常说的"大者恒大，赢者通吃"的经济学模型。怎样理解呢？

举个例子，比如有一家汽车企业，想要生产汽车。然而，一辆车没生产，这家企业就开始征地盖厂房，引进设备。前期就有一大笔钱砸进去了，这笔钱叫作固定投资，会摊在每辆车的身上。但是，这家企业每生产一辆车，都会有后续的投入，我们将后续的投入称作可变成本。汽车的产量越大，汽车的成本也会持续增加。

相反，有一家软件公司，开发了一个软件，前期开发成本是固定的，在后期也是不变的。这家公司想多卖100个软件时，只需要把原来的复制一下就行了，这几乎不需要成本。因此，软件卖得越好，成本就越低，因为后来所有的客户都在帮忙分摊成本。当成本不断被摊薄而售价不变的情况下，企业的盈利会持续增长，这就是所谓的"大者恒大、赢者恒赢"。

很多互联网公司都采取了这种运行模式，前期不惜一切代价烧钱，拼命地把自己的规模做大，占据市场领导地位。当这家企业同类竞争对手出现时，几乎就不可能对它产生任何的威胁。

法则四：形成范围经济性。所谓的范围经济性概念源自生产制造业。比如，某工厂有一个鼠标生产线和有一个激光笔的生产线，两个生产线各有各的成本。有一天，工厂把生产线合并了，把两个产品集成在一个平台上生产，并发现集成生产比分开生产的成本要低，这就是范围性经济。

这种概念在互联网领域上用得比较多，在过去的传统产业中，我们会说某企业是运输业的老大，但是今天互联网企业，特别是平台型企业经常跨行业。比如，阿里巴巴还在做线下的电影院线，甚至涉足智慧医疗等领域，这种跨行业的应用也属于范围经济性。

今天，互联网平台的范围经济性模式给我们这样一个启发，这是一个平台经济的时代，那么如果你想在 5G 的时代创新创业，请记住，要么试着做一个平台，要么你学会利用别人的平台。

法则五：采取 OTT 模式，这种模式就是把企业应该承担的成本剥离出去，可以达到降低企业投入的目的。而且，如果企业的收入不变，投入减少，那么在无形中企业的收入是增加的，所以 OTT 的模式是非常聪明的。

互联网技术的发展给商业带来创新和发展，5G 时代，企业应该找到属于自己的盈利方法。

第 3 章

5G 物联网时代,新零售如何重构经营思维

新零售的核心是"线上线下互通",它打破了电商和实体零售之间的壁垒,为消费者提供了新的消费环境。5G 时代到来以后,新零售行业的经营思维还将被进一步重构,AR、VR 等新技术将被应用于消费场景中,"5G+C2B"的新趋势将使规模化私人定制成为现实。5G 时代的新零售前景精彩无限、广阔无边!

3.1 "5G+新零售",让消费场景更加多元化和智能化

5G改变生活,也许,目前我们还无法亲身体验,但未来5~10年,5G会逐渐深入到我们的每个生活场景中,这其中当然包括购物。未来的购物场景也许是这样的:

人们坐在舒适的沙发上,头戴VR(虚拟现实技术)设备,足不出户就能在纽约、东京、巴黎、伦敦、柏林等国际大都市尽情购物,这些城市中最大、最著名的商圈都可以通过VR技术被"搬"到人们的眼前。

线上购物的体验也将被完全颠覆,线上商品不仅"看得见",而且"摸得着",甚至还能"试穿"。线上线下的界限将完全被打破,购物的场景也将无限扩大。我们可以在任何时间、任何地点享受购物的乐趣。

线下零售也将完全智能化,无人超市、智慧商场将遍地开花。在5G和大数据的赋能下,"货物"们也变得聪明起来。比如,当某款产品库存变低时,智能货架可以自动通知配送中心及时补货;当后台数据中心发现,薯片和可乐的销量关联性很大时,会自动将这两种产品陈列在一起,后台仓储也会自

第 3 章
5G 物联网时代，新零售如何重构经营思维

动调整配货比例。

虽然这些场景还没能完全实现，但是新零售行业一直在不断拓展消费场景、增强购物的便捷性和趣味性。而 5G 技术的赋能，让新零售场景进一步智能化和多元化。

对新零售行业来说，5G 为整个行业增添了无数新的机遇和可能性；对消费者来说，5G 带来的消费场景多元化和智能化，意味着恰到好处、心有灵犀的便利——想买的永远不缺货，想要的恰好就在眼前。

3.1.1　5G 来临之际，再说新零售

自从新零售的概念被马云在 2016 年的云栖大会上提出以来，它就从未离开过人们的视野，而且一直在不断地发展。未来，随着技术的迭代升级，新零售的适用场景会变得越来越多元化和智能化。因此，虽然新零售似乎已经成了老生常谈，但是在 5G 全面普及的前夜，我们仍然还要再说新零售。

新零售是一个与传统零售相对的概念，它的主要功能是为消费者打造一个线上线下互通的消费场景，让消费者在享受购物乐趣的同时，也能体验到购物的场景和环境，将购物体验提升到一个新的层次。

举个简单的例子，在传统零售的语境下，小李想买新鲜的螃蟹，就得趁早赶到菜市场或超市，才能抢到比较优质的螃蟹。但是，有了新零售，情况就不一样了，小李可以通过购物 App 或微信小程序直接在线上订货，当地的生鲜超市接到订单后，会第一时间配货，并在一个小时内为小李送货上门。

新零售出现以后，像小李一样的消费者们可以随时随地地购物，而商家也会为消费者提供更加便捷的服务（线上下单、一小时送达等）。优衣库采取

的就是这样一种模式。

过去几年,电商的快速发展,给传统零售业带来了阵阵寒流。服装产业更是处在寒流的中心,我们所熟知的快时尚品牌,比如 ZARA、HM 等曾经一度陷入销售困境,不得不通过削减海外市场、关闭门店、裁员等来断腕保命。

但是在整体市场环境每况愈下的大背景下,优衣库的销售量却能保持稳中有升。原来,优衣库也采取了线上线下融合的策略,推出了"掌上旗舰店一键随心购",用户购物足不出户即可下单购买服装。而且,用户下单后可以选择到门店自提,也可以选择快递送货,十分方便快捷。在我看来,这就是典型的新零售模式。

新零售打破了传统零售业的边界,让实体店铺与电商实现了融合,具体来说,新零售为传统零售行业带来了以下五大变化。

5G 给新零售带来的五大变化

第 3 章
5G 物联网时代，新零售如何重构经营思维

在 5G 时代，零售相关的软件应用会变得更加成熟便捷，而硬件设施也会不断完善。所以，上述的五种变化会更加深入和彻底，消费场景也会进一步扩展和升级。

3.1.2　5G+ 新零售 = 消费场景升级

逛街累了想喝水，怎么办呢？只能找到附近的便利店再买水吗？完全没必要！你只需要打开一款手机 APP，就能招来一辆无人自动售货车，这种无人自动售货车还可以招手即停，就像在街边打车一样方便。

这并不是科幻电影中的场景，这样无人自动售货车已经出现在我国的多个城市。说不定，它此刻正出没在你家附近呢！

武汉江汉路步行街的无人自动售货车（图片来源：楚天都市报）

无人自动售货车是新零售行业的一次新尝试，5G时代即将全面到来，新零售也将搭上这班快车，驶入新的赛道，像无人自动售货车这样的新业态也会越来越多。从场景的角度来看，5G将会给新零售带来以下五大变化。

1. 消费场景——更多元

5G可以让物联网技术得到更广泛、更深入的应用，新零售行业也可以借助物联网重构人、场、货之间的关系，将线上购物场景和线下购物场景相融合，为消费者提供更多新奇的体验，构造出万花筒般的多元化消费场景。未来的电商零售将不再是简单的购买商品，实体零售也将不再是商品的陈列场所，零售将变成与内容和体验相结合的新型消费。

2. 服务场景——更有趣

5G时代的新零售将会更加有趣，零售企业要做的不仅仅是售卖商品，而是要将服务场景升级，为消费者带来更有趣、更便利的服务。目前已经出现了抓娃娃机、盲盒机、口红机、无人超市等新型购物场所和购物方式，它们为消费者提供了有趣的购物体验。在5G时代，各种新技术的升级，会催生出更有趣、更新奇的服务设施或购物场所。因此，在未来的新零售战场上，"有趣"将成为零售企业的重要竞争力。

3. 互动场景——更真实

在5G的赋能下，AR（现实增强）、VR（虚拟现实）技术将得到飞速发展，零售企业会将这两项技术运用到自己的实体门店、线上店铺、APP或设备中，进而为消费者提供更真实的互动体验。本节开头提到的场景，一定会在未来成为现实。

4. 购买场景——更智能、更快速

5G 具有高速率、低时延的特征，在新零售领域，这两个特征意味着更智能的解决方案和更快速的响应。5G 的高速率让系统的计算能力加强，能根据消费者需求定制出更智能化的解决方案。5G 的低时延则可以让消费者的诉求得到最快速的反馈和响应。

未来，零售商有可能会成为人们的生活管家，比如，当消费者提出需要"想吃一顿有虾肉的健康晚餐"时，零售商的系统接收到指令后，就会根据最优营养搭配、最低卡路里、最理想的价格、个人喜好为消费者搭配出一顿晚餐，并快速配送到消费者手中。

5. 生产场景——更个性化

5G 时代是智能制造的时代，未来的零售终端里售卖的将不仅仅是加工好的成品，会更多地出现定制化产品。所谓定制化产品，就是消费者需要什么，零售企业就提供什么。比如，消费者需要一款定制相机，零售商就会迅速将相机的各个功能模块进行组合，生产出符合客户需求的相机。这种定制产品是完全个性化的，为了向消费者提供这种个性化的产品，零售商会采取"前店后厂"的经营模式，并利用 5G 技术实现智能制造。

对于处在新零售赛道的企业来说，5G 就是一个可以快速为行业赋能的巨大宝藏，它能给新零售带来更多的想象空间。各种全新的零售业态将不断涌现，给消费者、企业、行业带来变革。

3.2 场景化：5G赋能AR与VR，科幻电影成真

2019年6月28号上映的《蜘蛛侠：英雄远征》被誉为蜘蛛侠系列中，带给观众感官刺激最强烈的一部影片。这部电影的视觉特效光怪陆离，令人叹为观止。

影片中描写的VR、AR、全息投影、二重幻想等技术令人眼花缭乱、瞠目结舌。观看电影的观众一定会忍不住畅想，先进的AR、VR技术什么时候才能在现实生活中实现呢？

看到这里有人可能会问：什么是VR和AR呢？

3.2.1 什么是VR和AR

VR就是虚拟现实，它可以把你带到一个虚拟的场景中，比如说带入到南极，带入某个商店，带入一个餐馆。AR是增强现实，是把虚拟世界套在现实世界并进行互动。AR与VR的出现，让人与电脑的交互进入3D时代。

相关调研机构预测，到2020年将有1亿人使用VR和AR购物。这说明VR和AR技术将在5G时代进一步发展，相关应用也会日益普及。但是，过去的几年中VR和AR技术并没有得到广泛应用，这主要是因为网络的时延会让人们在使用VR和AR设备的时候产生晕眩感，笨重的设备也在无形中降低了人们体验时的乐趣。

随着5G时代的到来，VR头盔不会再像现在那样硕大而笨重，因为它的计算单元与显示单元可以完全分离，分离后的两者可以通过时延仅1毫秒的5G网络进行无缝连接。而且，5G网络的低时延特征，可以减轻VR和AR体验中的晕眩感和图像抖动。解决了这两个问题以后，VR和AR的应用一定会

得到普及。未来，VR 和 AR 将不仅仅用于游戏这样的特定场景，还将广泛地应用于体验式购物等更广泛的领域。

与此同时，VR 和 AR 的普及将带来相关设备需求的迅猛增长，针对不同应用场景的相关 App 的开发也将进入一个新的高潮，这将是 5G 时代一个重大的商机。

3.2.2　VR 和 AR 在购物场景中的应用

5G 时代，VR 和 AR 最主要的两个应用场景就是游戏和视频购物。

2019 年年初，拉斯维加斯世界消费电子展上有一个项目引起了零售商和金融界的普遍关注，这是一个采用 VR 技术的虚拟商店。客户带上轻便的 VR 设备进入到虚拟商店中，只需要眨眨眼，就可以轻松购买看中的商品。这个过程是通过扫描客户虹膜来实现的。

未来买东西，将不再是举手之劳，而是眨眼的工夫。想象一下，在未来你用 VR 眼镜浏览一辆汽车或一座豪宅，捕捉到信息的银行和保险公司会迅速跟进，向你推荐相关的金融服务。当然，虚拟商店不仅可以用于纯线上的场景，还可以与线下场景相结合，这时，AR 技术就将会派上大的用场。

举个例子，你在马路上遇到了与你擦肩而过的人，这个人的穿戴与服饰引起了你的注意。如果你的眼球在她身上停留了三秒钟以上，你就可以马上在 AR 眼镜中看到你穿戴这些服饰的效果，设备还会立即提示你何处可以买到这些服饰，这就是非常典型的线上线下相结合的购物应用。

当然，这种应用仅靠 5G 的提速是不足以实现的，这还涉及人工智能在 VR 和 AR 购物场景中的应用，人工智能结合 5G 技术、大数据技术等其他一些新技术将应用于商业零售领域，也就是新零售，我们也可以称之为智慧零售。

这里我想强调的是，数据对人工智能而言，就如同粮食对人类一样重要，而机器进行深度学习的基础就是各种各样的大数据资源。比起有人值守的实体店，机器售货可以获得一手数据，从而通过数据不断学习，强化对个体客户消费偏好的认知。人工智能对商业零售业和消费的影响不仅仅在虚拟现实、增强现实的应用方面，而是全方位的。

随着人工智能的广泛应用，零售业的选址布局、业态组合、商业模式、经营方式等都将随之进行调整和变革。这可以大大降低零售业的运营成本，提高服务质量，还可以给客户提供多样化的服务场景，从而显著提升客户体验。这当然是在 5G 为各项相关技术赋能的基础上来实现的。在未来的大型商超的场景中，将实现购物流程场景的智能化。

比如智能停车，停车场是实体零售企业的用户入口，也是用户需求中最痛的痛点。这将是实体零售业的一个重要的变革方向，所以，目前已经有越来越多的零售企业开始布局智能停车模块，开发无人智能泊车应用，帮助客户解决快速停车和找车的痛点，而这些服务也需要 5G 技术对它赋能。

新零售行业的智能化的创新还包括生物识别技术。5G 与人工智能、传感器、摄像技术结合，就可以为零售商家提供人流量统计和人脸识别服务。

比如，在智能穿衣镜中内置处理器和摄像头，以便动态识别用户的手势动作、面部特征和背景信息，并根据这些信息向客户提供个性化的定制服务，增加用户实际购物的体验。工作人员可以通过一个特殊的销售界面，以镜子为媒介，向客户发出建议，顾客可以调整镜子灯光的亮度和颜色，模拟使用场景，镜子可以感应衣服上的无线射频芯片标签，并将其显示在屏幕上，让客户看到试穿效果。镜子还会给出搭配建议，如果客户需要试穿其他颜色或尺码的衣服，也能通过镜子下方的指令让导购员送来，当客户试穿满意后可以在镜子上通过移动支付付款。

人工智能还可以基于视觉过滤技术，获取客户的潜在偏好，并建立在线商品推荐模型。具体做法是，罗列出商品图片让消费者选择，然后系统会预测购物者的下一个选择，并根据消费者之前的点击提供售卖建议，而消费者的每次点击生成的数据都会用来训练人工智能。

随着人工智能技术的发展和5G的赋能，我们即将进入可预测的商业时代。也就是说，不管人们有没有登录购物网站，或者已经准备下单，零售商都能帮助恰好有需求的消费者找到恰好合适的商品，甚至在消费者意识到有购物需求之前就准备好了相关的产品。

在商业发展的未来，智能技术和5G技术将普及到商业应用中，成为人们生活的日常。

3.3 5G可以让"高级定制"成为大众消费吗

说到高级定制，大家首先想到的是奢华的定制时装和定制珠宝，以及各种高端产品。一直以来，高端定制面向的都是高收入人群，它似乎和大众消费丝毫不沾边。但是，我要告诉大家一个好消息，5G时代到来后，高端定制将逐步成为大众消费。

回顾商业发展的历史，自1995年全球第一家网购公司亚马逊诞生以来，电子商务已经经历了门户专卖、B2B（企业对企业）、C2C（个人对个人）、

B2C（企业对个人）四个阶段。其中，B2B、C2C 与 B2C 已经成为目前我国电商领域的主流模式。

随着 5G 的到来，我认为，C2B 这种新型的电子商务模式将成为未来趋势。C2B 是个人对企业的电子商务，也就是我们常说的"私人定制"。

3.3.1　C2B 是零售业的未来趋势

首先，让我们来了解一下，什么是 C2B 模式。

1. 什么是 C2B

C2B 的核心是以消费者为中心，它将使得传统的供应链从推销式向拉动式的方向发生根本性转变。C2B 电子商务模式的出现，主要是因为人类社会正在经历以下的重大转变：一是大众化的社交网络的发展让企业与客户之间双向交流成为可能，也使得这种类型的商业关系变得可能。二是获得技术的代价逐步下降，如今我们每一个人都能够接触到互联网技术和应用，但是在过去，只有大型公司才能取得，比如说印刷技术、高效能的电脑以及强大功能的软件等。

C2B 电子商务最具革命性的特点就是，它将商品的主导权和先发权从厂商转移到了消费者身上，让"人人设计、一人一款"成为现实。这在之前，即使是在买方市场的情况下，也是没有办法做到的。但是，如今这个问题却可以通过渠道的改变和新型生产方式来解决。

2. C2B 模式的五大优势

比起传统电商模式，C2B 模式有五大优势。

第 3 章
5G 物联网时代，新零售如何重构经营思维

（1）渠道优势

大家知道在传统的商业活动中，有些产品的渠道费、广告费占了高达产品成本的 80% 以上。C2B 电子商务的本质是利用长尾效应，实现获客成本的革命性降低，从而弥补个性化生产在生产环节的成本增加，这是 C2B 电子商务的第一个优势。

（2）降低资金和库存压力

传统企业是做了再卖，卖不掉就成了库存，而 C2B 电子商务模式却反其道而行之，是卖了再做。你也可以将其理解为预售，这是一种按需生产的方式，所以可以使库存的资金压力下降很多，这是 C2B 模式的第二个优势。

（3）快速响应客户需求

C2B 电子商务的第三个优势就是响应客户需求的速度加快。在人工智能和 5G 的赋能下，零售商能迅速识别客户需求，并以最快的速度响应。

（4）客户黏性较高

5G 赋能的体验式消费环境还很容易形成冲动消费的非理性购物氛围。此外，具有相同购买欲望或者偏好的人群还可以通过社交网络进行团购，从而强化消费者的市场力（marketing power），以解决传统零售中买卖双方失衡的情况。因此，C2B 电子商务的客户黏性就会比较高。

（5）没有中间商赚差价

在 C2B 模式下，客户与工厂之间没有中间商赚差价。事实上，网络经济的一个核心诉求就是去中心化和缩短路径，而 C2B 电子商务把路径缩短到了极致。

C2B模式的优越性已经得到了验证，但要实现这种新零售模式，还需要制造业的支持，只有智慧工厂才能批量生产定制化产品，让C2B模式真正大规模地普及。

3.3.2 智慧工厂：批量生产定制化产品

前文中，我们从消费侧的角度了解C2B电子商务的价值来源。那么，在生产侧如何实现C2B模式呢？

智慧工厂和柔性生产方式的构建，是实现个性化定制的另外一个非常关键的因素。所谓柔性生产，简单说来就是在一条生产线上制造出满足不同需求的产品，可以实现定制化。这个定义是相对刚性生产而言的，刚性生产制造出的都是批量的、标准化的产品。

智慧工厂的概念是由美国ARC顾问集团提出的，他们给智慧工厂下的定义是："工厂在工程技术、生产制造、供应链三个维度，实现数字化的产品设计、数字化的产品制造、数字化管理，以及综合集成优化。"智慧工厂是一个智能化的综合制造体系。

在智慧工厂里，大量的机器和设备都装有内置传感器，所有设备采集到的数据都要传到信息系统后台，再通过计算后将新的指令传回到设备。如果依靠传统的WIFI或者工业无线电等网络传输方式来支持这些工作，虽然也能实现信息传递，但很难解决带宽有限造成的网络时延。依靠WIFI传输的画面，不仅有卡顿和局部马赛克等现象，而且极易受到其他无线电信号的干扰。对生产要求苛刻的离散型的设备布局的智慧工厂而言，这绝对是不允许的，而且存在着很多安全隐患。

当前，绝大部分的企业认为5G是未来五年之内最重要的数字化转型赋能技术，其重要程度甚至排在了人工智能和数据分析技术之前。大家都很期待利用 5G 的高带宽、低时延特点，结合当下的 VR、AR 技术，通过计算机模拟合成的办法，实现智慧工厂车间生产的 360 度立体监控，以更好地帮助生产管理人员实时了解车间的工作进度、质量状况、设备状态，并能够根据各种状况及时进行反馈和调整。

与此同时，5G 技术在提高网络稳定性的基础上，也能提升网络的安全性。在保障信号覆盖质量的前提下，5G 技术可以减少信号外泄，做到现场内有信号，而场外没信号，这将大大提高精密设备生产的安全性。

在 5G 网络的赋能下，智慧工厂将全面实现柔性生产，到那时，工厂就可以大规模生产定制化产品，"人人定制、一人一款"就可以大规模普及了，私人定制也能真正走到普通消费者的身边。

3.4 什么才是 5G 时代新零售创新的本质

在讨论 5G 时代新零售创新的本质之前，我们先来回顾一下零售业的发展史，剖析一下零售业变革的驱动力，从而发现 5G 时代新零售行业所面临的巨大机遇。下面，我用一张简单的图表，为大家展示 20 世纪美国零售业发展与演进的过程。

就像图展示的那样，在人类社会发展的历史上，商业零售业的经营模式一直都在发生变化，而驱动这些变化的动力就是科学技术的发展所带来的购物方式的变化。

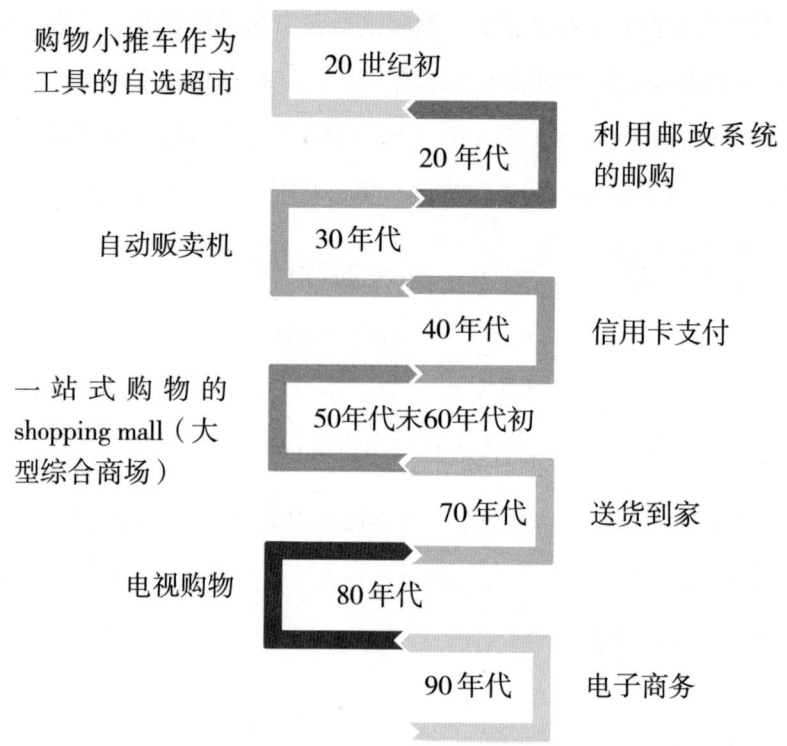

20 世纪美国零售业发展与演进的过程

事实上,我们很难说是市场改变了消费者,还是消费者改变了市场,但我们可以肯定的是,零售业经营模式的变化一定伴随着消费者购物方式的变化。

如今,电子商务已经成为很多消费者购物的首选,线下实体门店因此受到了巨大冲击,仅 2015 年,北京中关村最大的三家 3C 电子卖场鼎好、海龙和 e 世界就轰然倒闭,我们身边的大型购物中心里,开店卖东西的商家越来越少,租门店的商家大多是开餐馆的、做儿童教育培训的、开健身房、做美容院的。

第 3 章
5G 物联网时代,新零售如何重构经营思维

说到底,人们终究无法通过一根网线来做美容、练瑜伽,于是这些做体验式消费的实体商家依然能够生存,可见体验是消费场景中的关键。

在 5G 时代,体验式营销说不定会成为实体零售业的一颗"灵丹妙药"。

3.4.1 5G 时代新零售创新——体验式营销

2001 年 12 月,美国未来学家、畅销书《第三次浪潮》作者阿尔文·托夫勒曾经预言:"服务经济的下一步是走向体验经济,人们会创造出越来越多的与体验有关的经济活动,商家将靠提供体验服务取胜。"体验式经济时代的到来,对企业最深远的影响主要体现在营销观念上。

1. 体验式购物真的能够拯救实体店吗

所谓体验式营销,就是站在消费者的感官、情感、思考、行动、关联五个方面来重新定义设计营销的思考方式。此类思考方式需要突破传统上理性消费者假设,认为消费者在消费时是理性与感性并存的。消费者在消费前、消费中和消费后的体验通常不是自发,而是诱发的,说明营销人员可以采取媒介来诱导客户的体验。

OPPO 和 vivo 的成功营销就能很好地证明这一点,手机是一种情景体验式的消费产品,可以通过线下营销人员采取各种媒介来诱导客户体验。厂家所要做的就是把手机的利润回馈给线下的营销人员,鼓励他们诱导客户来体验产品,激励他们的营销行为。

体验式营销的魅力已经被各大零售企业发掘,线上零售平台也纷纷探索体验式营销的新方向。京东就做出了大胆的尝试,用科技为线下实体店赋能。

2018年11月10日,京东在天津生态城隆重推出了X未来餐厅,X未来餐厅的最大特点就是智能化,从智能后台的运营到前台智能机器人的服务,从点菜到炒菜到菜品的呈现,全部都是智能化的。

用户到京东X未来餐厅用餐时,扫描座位上的二维码就可以点菜,如果出现多点、错点的情况,还能轻松取消。下单之后,智能厨房会快速完成配菜,而智能机器人则会立即炒菜,随后由专门的传菜机器人在第一时间将菜品传送给用户。从用户下单,到菜品呈现给用户,整个流程智能化程度很高,运作效率远高于传统水平,并且更加干净卫生。

京东X未来餐厅早已经突破了一家餐厅所应该具有的功能,它的高智能化与高效率给用户带来了全新的体验,这种全新的体验是智慧型门店也是未来零售业的发展方向。5G时代来临后,人工智能、AR、VR等技术进一步发展和普及,线下实体店的体验说不定会更加新奇、有趣。

2.体验式消费一定会吸引客户吗

近年来,消费者行为与喜好正在发生一些值得关注的趋势。第一个趋势是消费者期待随时、随地、随性的场景触发式购物;第二个趋势是以社交媒体为中心的消费者互动,特别是粉丝经济和羊群效应日趋显著;第三个趋势是超出标准产品和非常规服务的个性化需求不断增加。

所以重新定义影响客户的三个重要因素,将会是重新定义渠道、重新定义购买、重新定义产品和服务。为此,新零售创新的要点应该是用5G技术和人工智能的手段去重构人、物和场景的关系。

5G时代的到来,可以通过AR、VR及高清视频、流媒体等技术,结合人工智能、互联网技术的融合应用,为消费者提供线上线下相融合的全渠道购

第 3 章
5G 物联网时代，新零售如何重构经营思维

物体验，更能充分满足他们想要在日常生活中随时、随地购物的需求。

5G 技术的出现，将把体验式的营销推向一个新的高度，线下商家要借助 5G 技术和应用，有意识地以实体店为舞台编写剧本，并营造一种氛围，设计一系列事件，促使客户变成其中的一个角色，尽情去表演。客户在表演的过程中将会因为主动参与而产生深刻难忘的体验，从而获得体验价值；企业也可以通过满足消费者的体验需求，达到吸引和保留顾客、获取利润的目的。

由此可以，体验式购物能够吸引消费者，也可以拯救线下实体店铺，它是 5G 时代新零售创新的重要方向。

3.4.2 数据收割：新零售创新的本质

尽管消费者对电商渠道的接受度很高，但是仍然有某些类别的产品，他们还没有从线下转到线上，这使得线下购买行为的数据缺失，导致客户的画像不全面。所以很多商家正想方设法把线下用户的行为线上化，以获取更全面的数据。例如，阿里巴巴的营销人员在杭州等城市，对商场门口的小木马做了一个简单的革新，客户只需要扫小木马头上的二维码，并关联某个应用就可以免费骑小木马三分钟。这个看似很简单的改变，恰好就是新零售的思维。

以前，婴幼儿商家调研一个样本的成本大约是十几元钱，如果要让目标客户下载与儿童用品相关的 App，那么成本会上涨到 120 元。现在，当用户扫描小木马上的二维码时，商家只需要帮客户出 1 元钱，就找到了一个适龄儿童，数据马上就上线了，商家就可以对客户的行为进行联系和分析。

马云曾反复强调，谁掌握了数据，谁就掌握了未来。正如前文曾讲到的

智能穿衣镜,我们通过 AR、VR 和人工智能,把用户线下数据和线上数据相结合,并根据用户的偏好进行实时调整,就让消费者得到了独一无二的个性化体验。这是未来新零售的最理想形态。

互联网女皇玛丽·米克尔曾说:"数据量加利用率就等于经济增长。"而 5G 正是那张捕捞数据的大网,也是帮助实体商家利用数据、创造美好消费体验的工具。

在 5G 时代的新零售中,体验是激励消费者的手段,数据是收割消费者的利器。

3.5 这些企业正在积极探索 5G+ 新零售

5G 时代到来,新零售行业正在酝酿一场变革,很多互联网巨头和零售业巨头企业都在积极探索"5G+ 新零售"。其中,阿里、京东和苏宁的动作最为引人注目,阿里在 5G 流量入口发力,京东利用强大物流系统和 5G 应用,发展无界零售,苏宁则利用 5G 技术布局多业态零售。

从以上企业来看,物联网带来的新零售变革主要集中于零售价值链的前端,即营销端。而未来,新零售将与 5G 技术产生大量关联,更将以高效物联加速价值链后端的变革发力。机会留给有准备的企业,在这场 5G 竞赛中,我们将见到后端垂直企业也会抓住机会一跃转型,成为行业赋能平台。例如,与顺丰、华为合作的财货通,利用自身软硬件研发能力前瞻性布局 3C 数码零售的后端供应链金融与共享库存新业态。

各个企业的布局方向皆有不同,但每家冲刺在 5G 赛道的企业探索对整个新零售行业都有着重要的启迪意义。在本节中，我将重点为大家分析这几家企业的 5G 新零售布局，看看它们是如何利用 5G 为新零售业务全面提效的。

3.5.1 阿里：发力家居零售领域，寻找客户流量新入口

2019 年 5 月，阿里巴巴与家居零售业巨头红星美凯龙达成合作，未来，阿里巴巴或将成为红星美凯龙的第二大股东。

同年 5 月 26 日，红星美凯龙发布了《关于与阿里巴巴（中国）网络技术有限公司签订战略合作协议的公告》，报告表明："双方将在新零售门店建设、电商平台搭建、物流仓储和安装服务商体系、消费金融、门店复合业态、支付系统、信息共享等七大领域展开战略合作。"

阿里和红星美凯龙的这次合作，被很多业内人士看成是双方为了迎接 5G 时代而进行的提前布局和卡位。《公告》中提出的七大领域战略合作，意味着阿里和红星美凯龙这两个庞大的消费数据平台将实现互通，也意味着家居新零售的"任督二脉"将被打通。

阿里与红星美凯龙的这次携手，被誉为"一场将影响十亿人群的世纪联姻"，这场"联姻"印证了红星美凯龙拥抱 5G 新零售的决心，以及阿里对家居新零售领域的野心。这是阿里入股居然之家后，对家居零售领域的又一次出击。阿里布局家居零售业的目的是为了与用户近距离接触，在智能物联网时代抢占新的流量入口。

阿里巴巴 CEO 张勇曾说过："造风者不是追赶上一个风口，而是创造下一个风口。"阿里与红星美凯龙的这次合作就是在创造新风口。我们可以想象，阿里将通过红星美凯龙强大的线下门店和客户资源，植入一系列 5G 应用，让

自己的零售渠道生态圈更加完善。

阿里和红星美凯龙携手,能否在家居零售行业所向披靡,仍然有待时间的检验。但可以肯定的是,阿里与红星美凯龙的合作,必将有可能催生家居新零售领域的新模式。

3.5.2 京东：5G+ 强大物流，推动无界零售

2017年,京东提出了无界零售的概念。我们都知道,零售的本质是人、场、货的组合,而无界零售将打破这三个要素的界限,做到场景无限、货物无边和人企无间。

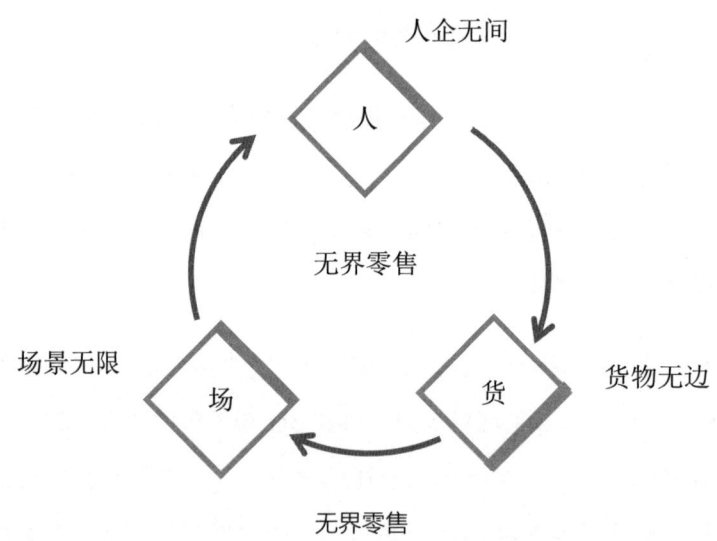

1. 场景无限

场景无限有两层含义,第一层是空间无限,指未来的零售场景不受空间限制,无处不在；第二层含义是打破时间的界限,指未来的零售场景可以做

到无时不有、无缝切换。

场景无限最大的特点就是去中心化,未来人们不一定要使用京东 App 购物,而是可以在任何场景、任何时间、借助任何媒介来购物。不过,京东推出的"京东 X 计划"就不是为了将用户吸引到京东 App 上,而是让用户在使用百度、头条等其他应用时可以自然而然地产生购物行为,而且是买完即走。如果京东未来真的能做到这一点,那么它就将破茧成蝶,从零售平台升级为零售基础设施供应商。

2. 货物无边

货物无边是指未来的商品将不再拘泥于固有形态,有形的产品、内容、数据、服务都是商品,而且可以互相渗透。举个例子,京东推出的叮咚智能音箱是一款有形的商品,但是它也连接着音乐、广播节目等丰富的内容,这些内容可以引发后续消费。因此,我们很难说内容和音响本身谁才是商品。如果每一件商品都可以实现货物无边,那么商家卖出一件商品后,仍然可以获得后续盈利。

3. 人企无间

人企无间是指未来的消费者会深度参与产品的设计、制造、运输、分销、售后等环节,现在大火的私人定制就是人企无间的典型范式。人企无间还有一种模式,就是现在很流行的"微商+直销"模式,就是零售平台将自己的商品共享给消费者,消费者再将商品推销给自己身边的朋友。在这种模式下,消费者既是购买者也是分销商,也做到了人企无间。

无界零售的实现必须依靠移动互联网技术,虽然此前京东一直在稳步推进无界零售,但 5G 时代的到来,无疑给京东的无界零售打了一剂强心针。

目前，京东正利用 5G 全面推进无界零售，为了实现"货物无边"和"人企无间"，京东携手三大电信运营商，推出了 5G 资费套餐服务、京东之家 5G 线下体验馆等，并与各大手机厂商合作，成为 5G 手机的首发平台。为了实现"场景无限"，京东依托 5G 技术，借助 AI、IoT、自动驾驶、机器人等技术和应用，打造了"高智能、自决策、一体化"的智能物流示范园区。

5G 时代到来后，京东将借助 5G 技术和自己超强的物流能力，进一步推进无界零售，完成从零售平台到零售基础设施供应商的蜕变。

3.5.3 苏宁：智慧门店，多业态、全场景满足用户需求

2019 年 2 月，苏宁易购收购了万达百货旗下的 37 家百货门店，意图打造线上线下相结合的全景式百货零售业态，这是苏宁在 5G 时代零售业变革大潮中的一次勇敢尝试。苏宁将借助大数据、人工智能等技术全面提升零售业务的服务体验。

苏宁的新零售战略是智慧零售和全景式零售，为此苏宁不断创新，推出了"苏宁极物""苏宁小店""苏宁零售云"等新的零售业态。为了推进智慧零售，仅 2018 年，苏宁就完成了近 3000 家线下门店的数字化赋能。

苏宁小店自营咖啡店属于比较典型的智慧零售门店，这家自营咖啡店从 2019 年 9 月开始布局。在星巴克与阿里牵手之后，苏宁也加入了咖啡新零售。不同于传统咖啡店，苏宁小店咖啡店为消费者提供了三大消费场景：传统咖啡柜台、小店 30 分钟极速配送和无人自助咖啡机，这三种不同的消费场景能满足不同消费者的需求，与苏宁的智慧零售和全景式零售战略不谋而合。

5G 时代到来后，苏宁的智慧门店将进一步升级。在 2019 年的 CES Asia

亚太消费电子展中，苏宁作为参展商，发布了数字化门店的解决方案。5G 时代来临之际，苏宁已经在智慧门店的领域走到了行业领先地位。未来，苏宁还将创造出更多的类似咖啡小店的智慧零售新业态，让消费者的购物体验更加丰富多彩。

5G 带给新零售行业的不仅是基础设施的升级，还有运营思路的转变，未来谁将引领新零售行业的发展呢？让我们拭目以待！

3.5.4 财货通：供应链金融 + 共享库存，布局财通、货通的 3C 数码零售新生态

以上企业的布局主要集中在零售价值链的前端，即上文中列举的流量、场景、智慧门店等营销端。而未来，5G 将为高效物联激活新零售价值链后端的变革发力。

从 2017 年就开始布局 3C 数码新零售的财货通，在 5G 时代，以"供应链金融解决方案 + 共享库存分销平台"，从供应仓储端布局"财通天下•货达四方"的 3C 数码零售新生态。

财货通以数码智能终端仓与供应链风控系统为基础，以智能化实现手机门店仓储的智慧管理、轻量运营及降本增效；以物联化、数据化实现手机库存的高度共享，创新数码产品短平快分销网络；以数字化动产质押破解小微企业融资难题，助力商户资本回流，推动小微普惠金融发展；以大数据链接资金流、信息流、物流，实现行业的精准分析、前瞻预测和协同优化，具体如下图所示。

掘金 5G：
5G 时代的新商业模式解析与新场景应用

财货通供应链一站式系统

智能仓储：财货通智能保险仓，为数码经销门店提供降本增效的智能仓储服务，解决"仓储繁、管理难"等问题。仓店一体化，实现365天全年无休、24小时无人值守、异常报警的高等级安保，守护门店手机库存；集下单、支付、快取、监管、实时报表、智能策略等功能于一体。只需一平方米、一根线、一度电，就实现省仓库、省仓管、省盘货的门店经销智慧管理，下面为两种形式的共享货仓。

财货通共享货仓 1

财货通共享货仓 2

第 3 章
5G 物联网时代，新零售如何重构经营思维

财通天下：一般银行对中小微企业贷款倾向于不动产抵押，而对于资金占用、回收周期长的行业现状，几乎 90% 的数码产品经销商都会面临动产融资难题。财货通供应链风控系统，以"数字化动产质押"为经销商提供便捷、快速的供应链金融服务，解决融资难、融资险、融资乱、融资贵等问题。

货达四方：传统经销需常备库存，担心库存积压，还需耗费仓储面积和人工。而电商传统供应链也仍需根据预测，常备库存，再由客户下单，打包发货。数据需互联共享，市场供需、地域差异、线上线下、更新周期等信息不对称，会导致库存供应与市场销售之间流通不畅。

财货通共享云仓，是高度智能集成的库存中台云仓系统，通过全国联仓、云数据存储、大数据分析，实现数码产品库存的高度共享。信息共享、实时监控，建立全国可视化库存渠道，数字化系统智能协调优化库存资源，缓解经销商及电商的库存积压或匮缺问题，打通库存之间的共享流通。随着布仓拓展，财货通将进一步形成 2 公里 15 分钟内的供求配送体系。

一方面，财货通共享终端覆盖周边 2 公里进货范围，除仓店一体现场取货外，拓展周边商家进货渠道，集合中小门店形成扁平化分销体系，从而为供需双方降本增效，解决分销体系缺资金、代采、进货、囤货、分销等压力，促进库存"货达四方"。

另一方面，财货通共享云仓，为电商带来渗透市场的解决方案，线上平台无须再大量备货，全国范围灵活调货，商家可就近取货、快速发送，提升客户体验度。同时，C 端客户也可以通过线上下单，就近自助取货，建设一个安全、快速、便捷的在途即时消费生态圈。

数据协同：前面讲到 5G 技术下企业创新和盈利的基本法则之一就是数据

霸权。5G时代，数据不仅是资源，更是商业生长的土壤。财货通数码新零售，也将不断挖掘手机行业的数据土壤，充分发挥大数据的统计、协同、预测、优化作用，提高行业各环节的盈利能力，构建良性循环的手机行业生态系统。

财货通作为3C数码新零售共享库存的完整解决方案，也作为供应链金融平台，实现了前面章节讲到的5G联网协同效应，智能化降本增效，大数据分析优化配置，平台整合资源优化。

5G时代来临，带来的不仅是风起云涌的换机潮，更是物联、智能、大数据重构零售各个环节的时代巨轮。每一场时代的巨轮轧过，都是一场生死轮回，传统技术面临革新甚至淘汰，新兴技术或模式在探索中激进，充满挑战，更充满机遇。纵观互联网时代的无数变革，胜利的果实无不属于那些携手拥抱时代寻求共赢的先行者。

【热点问答】

5G时代，实体零售店如何在下个风口突围

移动互联网时代，3C产品市场高达万亿级。近两年，我国手机在普及率高达95%之后，手机增长率开始下滑，手机出货量也逐年趋缓。全球技术分析公司Canalys发布的一份统计报告显示，2017年中国智能手机年度出货总量首次下滑，市场总出货量仅为4.59亿部，较2016年下跌4%。市场调研机构Counterpoint Research给出的报告显示，中国智能手机市场销量在2019年环比下降了8%。中国智能手机市场进入存量换机时代。故而手机经销商也随之进入发展的瓶颈期，换机需求成为当下手机市场的主要驱动力。

第 3 章
5G 物联网时代，新零售如何重构经营思维

5G 时代，换机潮带来新风口。Strategy Analytics（市场分析机构）发布的报告指出，2019 年全球 5G 智能手机出货量达到了 1900 万台。2020 年将会是 5G 手机爆发年，推动市场新一轮换机潮红利的来临。据前瞻产业研究院整理中国信息通信研究院资料显示，预计到 2024 年我国手机市场出货量将恢复到 4.5 亿部的水平。

下面，我就从手机零售行业价值链的前端即营销端，和后端即供应链仓储端，来剖析手机经销商如何在 5G 风口实现突围。

5G 来临，智慧生活馆拯救手机零售店面临的时代阵痛

先从手机零售业的前端即营销端来说，关系最紧密的莫过于手机门店。对于门店而言，线上冲击、市场饱和、同质化严重、竞争白热化、门店成本高、客流减少、销量下滑、利润剧减，都是 5G 时代来临前的时代阵痛。

想要扭转这种局面，关键还是要探索手机新零售。5G 时代，手机门店的新零售探索方向大致可以归结为以下几点。

1. 以数据为驱动提升用户购物体验。前面我们讲到 5G 时代新零售必然以数据为驱动。获取用户数据，掌握消费群体的用户画像，才能利用数据提升门店用户的购物体验，精准解决客户的新增、留存问题。

2. 打造场景化智慧生活馆。5G 时代，手机店将进化为智慧产品综合服务生活馆，形成卖手机——卖体验——卖生态的销售场景。例如，小米之家、华为智能生活馆，其商品除手机之外涵盖了家用电器、家居用品、数码配件等。生活馆依托家居生态系统，解

决客户消费频率低、复购周期长的问题，其集体验——联结——匹配——安装的一站式消费购物场景能提升消费者的购物体验，下图为两种财货通零售仓示意图。

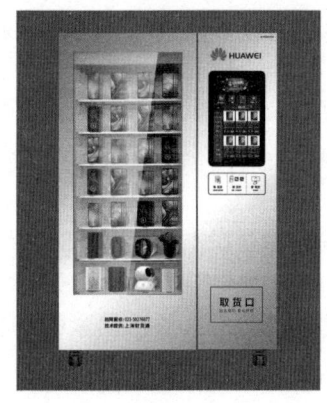 

财货通零售仓 1　　　　　　　　财货通零售仓 2

3. 构建线上线下一体化的营销体系。优化线下渠道、拓展线上渠道，实现线上线下整合，互相导流。利用线下门店的自有流量，通过平台的大数据筛选、分析、锁定，将活动精准推送给用户，再通过线上裂变形成线上线下的营销闭环。

4. 提升门店智慧化程度。针对门店成本越来越高的问题，只有提升门店智慧化程度，才能以科技的手段优化门店资源，以物联网、人工智能等技术实现门店的智慧化管理，节省人力、管理运营成本。

找准 5G 风口！这是一场手机零售供应链变革

从后端即供应链仓储端来说，对于线下经销商和电商仓储供应

第 3 章
5G 物联网时代，新零售如何重构经营思维

而言，仓储成本高、管理冗繁、库存不稳定、抗风险能力弱，利润薄、出库不及时、客户体验差，资金跟不上、进退两难等问题，都使得 5G 来临前夜成为至暗时刻。

需要注意的是，这些问题都是手机零售传统供应链面临变革的普遍现象，所以只有在 5G 时代创新供应链仓储模式，才能整体上改变这一现状。

财货通作为 3C 数码新零售共享库存的完整解决方案，也作为供应链金融平台，从 2017 年便开始探索 5G 时代的手机零售供应链仓储创新模式。

这种创新模式主要从两方面帮助手机经销商在 5G 时代实现突围：一个是财通，即以"供应链金融"解决其供应链资金问题；一个是货通，即以"共享库存"解决其仓储库存的压力问题。只有"财货两通"，才能让"便捷稳定的资金活水"与"高利用、快周转的变现库存"形成降本增效的有效闭环。

创新共享库存

财货通共享云仓，通过全国联仓、云数据存储、大数据分析，实现经销商手机库存的高度共享。以可视化库存渠道与数字化系统实现智能协调，优化库存，缓解经销商及电商的库存积压或匮缺问题，打通库存之间的共享流通；以仓布点形成 2 公里 15 分钟内的供求配送体系，实现线下看样、现货批发、轻量运营、一刻即达等，助力经销商及电商快速变现，提升服务，是国内首批数码零售创新共享库存模式。

创新供应链金融

在民营 500 强企业中，有 54% 的企业受到融资成本的影响，融资成本因素居于各项影响企业发展的成本因素之首。中小企业的初始资本小，可抵押的资产少。多数企业由于处于初创期，用于门店和囤货以及拓展新市场的费用占比大，导致企业的盈利水平持续低下，同时也导致了企业的现金流不稳定、资金链脆弱，抗风险能力差，一旦遇到问题，资金链断裂，企业生产经营活动将会受到沉重打击。

财货通基于自主研发的科技终端与风控系统软硬件产品，创新供应链金融模式，为各大连锁门店打造了安全高效的融资服务。商家只需通过财货通云平台申请布仓，进行动产质押，即可完成整个融资流程，安全便捷地获取贷款资金。

财货通供应链金融以这种动产质押的形式对连锁门店放置的货品进行融资监管，基于数码通信企业上下游客户的运营和资信状况，构建专业高效的供应链金融风控系统，快速、精准地解决上下游客户资金需求，解决融资难、融资贵、融资繁、融资险等问题。

手机零售供应链变革风起

广东作为中国手机之乡，拥有庞大的市场发展空间与市场需求。财货通已在广东市场打响第一枪，也是财货通在 5G 时代迈出手机新零售供应链模式的第一步。除此之外，在广东、河南、福建、安徽、江苏、浙江等省已进行了手机零售新生态的布局。智能终端设备市场投放量达 600 余台，覆盖了中国移动、中国电信、华为、小米、OPPO、vivo、三星、苹果等 4000 多家手机门店，为胜天通信、国宇通讯、南阳金钻、中鑫集团等连锁门店经销商缓解了融资难与库存积压的难题。

同时,财货通与顺丰、电信、华为的相关合作,也将助推手机零售供应链变革的加速发展,助力经销商实现5G突围。

无破不立,5G时代到来,移动终端产品的迭代升级是必然,换机潮红利在即。风已起,潮正动!手机新零售势必迎来新一轮的激烈竞争。纵观每一次新技术带来的革新风潮,能活下来的都是主动革新的企业。所以,作为手机经销商,要么抢占先机主动突围,要么被动突围。但是,经历这场5G新零售洗礼活下来的企业,也必将更加稳固、茁壮。

第 4 章
5G+ 工业互联网,如何撬动制造业万亿级产业链市场

　　5G 吹响了工业 4.0 时代的序曲,它是第四次工业革命的支柱,是工业互联网的赋能者。5G 与工业互联网的结合会为制造业带来一场"地震",让生产力提升,打通所有生产环节,实现资源优化配置,让智慧生产真正落地。

4.1 全速驱动，5G奏响工业4.0的序曲

在人类发展的历史中，已经经历了三次工业革命，人类的生产、生活方式都因这三次工业革命而发生了翻天覆地的变化。

第一次工业革命始于18世纪，以蒸汽动力代替了手工劳动；第二次工业革命发生于1870年到1914年之间，以电力取代了蒸汽动力；第三次工业革命在"二战"后爆发，它让传统工业走上了机械化、自动化、信息化的道路。而今，第四次工业革命也正拉开序幕，第四次工业革命又被称为工业4.0，它将引领工业进入智能化的时代。

第一次工业革命　第二次工业革命　第三次工业革命　第四次工业革命
机械化　　　　　电气化　　　　　信息化　　　　　智能化

四次工业革命

第 4 章
5G+ 工业互联网，如何撬动制造业万亿级产业链市场

伴随着第四次工业革命的号角，世界各大工业强国都启动了自己的工业振兴计划，2011 年，美国提出了"美国先进制造计划（AMP）"，德国提出了"工业 4.0"，2015 年，中国宣布实施"中国制造 2025"，日本也正式启动了"日本产业重振计划"，韩国则提出了"制造业创新 3.0"。各国的工业振兴计划都旨在利用科技促进经济产业结构升级，推动工业迈向新阶段。

那么，第四次工业革命究竟会为我们带来什么变化呢？换句话说，工业 4.0 的核心内容是什么呢？

4.1.1 什么是工业 4.0

第四次工业革命，即工业 4.0 的核心内容可以被归纳为：一化、三集成、一网。

1. 一化——制造业服务化

制造业服务化是未来的大趋势，制造企业的盈利来源将不再只是产品，服务也能创造出更多收入。什么是制造业服务化呢？它是在产品设计、车间自动化、客户关系管理和物流等环节发生的颠覆性变革，这种变革的最终目的是扩展价值链，让制造商从单纯的销售产品变为提供产品和服务。

2. 三集成——横向、纵向、端到端

（1）横向集成

横向集成是指在采购——生产——销售的全过程中，实现价值链横向集成，也就是企业间的无缝合作，它可以确保整个价值链上的每个环节都能被实时掌控，可以提供实时的产品和服务。横向集成将对传统制造业中的产品设计、制造、销售等模块产生巨大的影响，让整个行业重新洗牌，并促使传

统制造商向综合产品服务提供商转型。

（2）纵向集成

一个制造企业中必然有多个信息系统，过去，这些信息系统是垂直并立的，这就造成了企业内部的信息隔离。纵向集成就是要把这些垂直并立的信息系统连通，让企业内部的信息实现无缝连接，以提高生产效率。

（3）端到端集成

端到端集成是对产品生命周期的集成，它是指通过网络与客户和售出产品建立长期的联系，根据客户和产品的反馈数据不断进行产品的优化和迭代。端到端集成可以让传统制造业完成"以产品为中心"到"以产品服务为中心"的转型。

不过，制造企业要实现三集成，必须要具备基础设施，也就是"一网"。

3. 一网——CPS

工业 4.0 的核心系统叫 CPS（Cyber-Physical System，即信息物理网络系统），它是一个将信息通信、控制、物联网、云计算、大数据、人工智能等技术集成于传统产业之上的，可以实现自动分析、判断、决策和学习成长的系统。我们可以把它看成一个由虚拟数字世界和物理世界交汇而成的系统，这个系统可以辅助和替代人类做决策。

很显然，CPS 系统需要 5G 的赋能，有了 5G，物联网、云计算、大数据、人工智能等技术才能真正地落地并发挥最大效用。所以说，5G 是工业 4.0 的最强驱动力。

第 4 章
5G+ 工业互联网，如何撬动制造业万亿级产业链市场

4.1.2　5G 如何驱动工业 4.0

5G 驱动工业 4.0，主要依靠的是新空口（NR）、网络切片和边缘计算这三大技术。

1. 新空口

新空口就是我在前面的章节中介绍过的空中接口技术，这种技术提供了巨大的信道容量，能进行超高速、大容量的数据传输，是 5G 网络实现超高速、大连接和低时延三大应用场景的基础，而在未来的工厂里，5G 的三大应用场景缺一不可。

比如，在未来工厂中，移动机器人必不可少，但它必须依靠 5G 的高可靠、低时延应用场景才能实现。移动机器人是"柔性工厂"的重要组成部分，所谓柔性工厂，就是指可以自由地移动工厂中的机器设备，自由地重组各种生产工具，让工厂能够快速、低成本地转换不同的生产线。

柔性工厂需要用无线连接来替换有线连接，因为只有摆脱了线缆的束缚，才能自由地设计、操作和组合互联的机器人和设备。一般来说，无线连接的稳定性不如有线连接，所以我们需要高可靠、低时延的无线连接，也就是 5G 网络。

再比如，工厂自动化的实现则需要超高速、大连接和低时延三大 5G 应用场景的共同支持。所谓自动化工厂，就是以提高生产效率为目的，对各个子部件进行实时监控，对产品质量进行实时测量，对生产线进行实时优化。这些过程的实现，必须依靠低时延、高可靠的 5G 网络。而 3D 模型传送、视觉控制机器人手臂、远程数字工厂等应用需要高可靠、高速率的宽带通信。

此外，工业 4.0 的端到端整合跨越了产品的整个生命周期，要连接海量

的已出售商品，就需要运用到 5G 物联网技术；企业之间或企业内部的横向集成需要无处不在的 5G 网络；智能工厂的实现更是离不开具有超大容量的 5G 网络。

5G 网络可以支持多种多样的业务，能够容纳和接入各种各样的终端，是实现工业 4.0 的保障，而空中接口技术是实现 5G 强大功能的基础。5G 在未来工厂的应用，还需要一种技术，那就是网络切片。

2. 网络切片

在前面的章节中，我已经为大家详细介绍过网络切片，网络切片可以将一张物理网络切成多张相互独立的子网络，这些切片的"子网络"可以共享物理基础设施，分别服务于工业 4.0 的不同场景。

举一个简单的例子，假设有一家制药企业在全球有 20 家大型工厂，每家工厂中的制药流程相同，都通过机器手臂上的移液器来分配药品中的药物成分。但是，这个制药企业要推动生产改革，实施"定制化制药"，即根据不同需求，对同一种药品内的各种成分比例进行调整。

于是，这家制药企业通过 5G 网络，把分布在全球各地的 20 家工厂连接到云端，并根据大数据和人工智能的分析，确定不同类型患者需要的药物成分比例。在生产环节，机械臂根据云端的实时指令来控制移液器配药。

上述场景需要依靠具备端到端 QoS（服务质量）保障的 5G 网络切片才能实现。如果在生产过程中，工厂还需要利用可穿戴设备、AR 技术等监视生产过程、实时增强显示来自云端的视频或者利用传感器实现全自动生产，那么，这家企业就需要更多的 5G 网络切片才能实现这些场景。

3. 边缘计算

为了保障端到端的服务质量，在应对工业4.0中的低时延、高可靠场景时，还需要另一项关键技术——边缘计算。在前面的章节中，我们了解了边缘计算的定义，它是指"靠近物或数据源头的一侧，利用网络、计算、存储、应用核心能力为一体的开放平台，就近提供最近端服务。其应用程序在边缘侧发起，产生更快的网络服务响应，满足行业在实时业务、应用智能、安全与隐私保护等方面的基本需求"。

相比云计算，边缘计算更接近用户端，它不仅能降低网络时延和负荷，还能基于本地部署新的应用。边缘计算对工业4.0的作用主要体现在以下几个方面。

（1）安全性

5G网络将工厂内的机器、资产等连接到云端，大量数据也被放在云端存储和处理，这虽然可以提高工厂的自动化水平，但也意味着数据的安全性降低，而边缘计算则不必将数据发送到云端，可大大降低安全风险。

（2）低时延

边缘计算一般部署在终端或靠近终端的地方，能满足工业4.0的超低时延要求，因此非常适合工厂自动化环境。而且，未来工厂的一些设备功能还可以通过虚拟实体的方式部署于边缘计算，让工厂的灵活性和生产效率得到进一步提升。

（3）低成本

工业4.0是智能制造的时代，企业需要从各个传感器中收集海量数据，并通过分析数据作出实时决策和预测性维护。庞大的数据量会给数据传输、计算、存储带来巨大的成本压力。而边缘计算可以帮助工厂智能收集数据，过滤无用数据，降低运营成本。

5G时代的全面到来，正式吹响了工业4.0的序曲，5G将为工业赋能，推动技术创新与行业融合，实现生产方式的优化和产业结构的升级。

4.2 融合创新，5G改变传统制造业

5G将改变传统制造业，这个结论是毋庸置疑的。因为，5G不仅改变了网络传输的速率，也改变了设备与设备之间的连接模式，可以开启"万物互联"。对制造业而言，5G带来的改变，不亚于一场改变板块构造的地震。

那么，5G将会以什么样的形式赋能制造业呢？我们先抛开枯燥的理论，来看看5G时代的工厂是什么样的。

4.2.1 5G时代，工厂会发生什么变化

让我们一起走进一家5G时代的智慧工厂，来看看这家工厂和传统工厂有什么不一样，发生了哪些变化。

1. 工厂里的线缆都不见了

走进工厂后，我们发现这家工厂里一条通信线缆也没有，难道工厂遭到了盗窃吗？大家千万别慌，并不是通信线缆被偷了，而是工厂不再需要通信线缆了。基于5G的高速率、大容量、低时延特征，工厂中的各个系统和设备

可以直接进行无线传输、无线控制,因此不再需要复杂的线缆。当所有的通信线缆消失后,工厂的成本降低了,因线缆而存在的安全隐患也将大大减少。

2. 机器人可以"随心所欲"到处走了

线缆消失以后,影响机器人行动的"绳索"也就消失了。在高可靠性5G网络的连续覆盖下,机器人可以"随心所欲"地在工厂中移动,高效地到达各个地点。工厂中的生产线也可以变成能灵活调整各设备位置、灵活分配任务的柔性生产线。

3. 不用和甲方说话

甲方,是一个让人又爱又恨的角色。很多生产企业与甲方沟通时会产生一些障碍,生产效率也会因此受到影响。但在5G时代,由于信息网络的高度覆盖,人机交互将应用得更加广泛。如果甲方对业务人员说不清楚需求,那就可以让他直接和机器人沟通,在机器人的帮助下将产品要求精确地呈现出来。

在5G时代,甲方甚至可以通过电脑和手机端口,直接连接到生产网络,随时根据生产现状调整自己的计划,实现"所想即所造"。

4. 维修人员不用来了

生产现场的每一次故障都意味着损失,生产线瘫痪更是企业主心中的"噩梦",如果维修人员无法及时到场,那么经济损失就会随着时间的流逝而持续增加。

但是,在5G时代的工厂里,维修人员不到场将成为常态,因为他们无须到达现场,就可以顺利排除故障。5G带来的万物互联,使得未来智慧工厂的维护工作可以远程实施。在未来的工厂中，每个物体都会拥有一个独一无二的 IP，并连入 5G 网络。故障发生后，维修人员可以通过 5G 网络第一时间获取故障信息，并利用 VR 等技术远程指导工厂实时处理故障。

5. 机械手臂配合得天衣无缝

在 2017 年举行的巴塞罗那世界移动大会上，华为联合德国电信一起进行了基于 5G 技术的实验。在实验中，两只连入 5G 网络的机械手共同完成了托举箱子的动作。

5G 网络端到端的切片技术可以精准控制两只机械臂，让它们同步且流畅地完成了全套协同动作。5G 被广泛应用的生态下，机器人除了可以灵活移动，还可以相互配合协作，灵活地完成高难度的任务。

6. 机器人有了"大脑"

进入万物互联的 5G 时代后，工厂中的每个设备都可直接接入云服务器，并与云服务器进行高效互通，海量的信息和数据连接实时云服务器网络，为人工智能提供学习的"素材"。

当云端服务器的应用效率达到最高时，海量工业级数据会汇总到云服务器，形成庞大的数据库，这个数据库将不断地"喂食"人工智能，加快其自主学习的速度，帮助制造企业做出决策或找到最佳解决方案，提升整体生产效率。

也就是说，5G 时代的工业机器人将拥有一个"远在天边，近在眼前"的"大脑"，这个"大脑"会帮助机器人计算，规划最佳生产模式，做出最有利的决策。

第 4 章
5G+ 工业互联网，如何撬动制造业万亿级产业链市场

在 5G 时代的智慧工厂中，生产线变得更加灵活，生产制造环节被缩短，生产制造效率得以提升，机器人变得更加智能，成为人的高级助手。5G 的到来，加快了制造业的转型升级的脚步，相信在不久的将来，智慧工厂将变得随处可见。

4.2.2　5G 生态下，制造业将全面转型升级

上文中提到的智慧工厂令人神往，它的落地实现离不开 5G 技术的加持。从制造业的角度来看，5G 优势也十分明显，它具有可以媲美光纤的传输速度、万物互联的泛在连接，以及接近工业总线的实时传输能力。这些能力是目前制造业迫切需要的，所以制造业正以十分积极主动的姿态拥抱 5G。制造业与 5G 的融合将引发一系列的变革，催生大量新应用。可以说，5G 为制造业的转型升级带来了历史性的发展机遇。

那么，在 5G 生态下，制造业将会从哪几个方面开始转型呢？换句话说，5G 将从哪几个方面为制造业赋能呢？我认为，在现阶段，5G 将从以下四个方面为制造业赋能，促进制造业的全面转型升级。

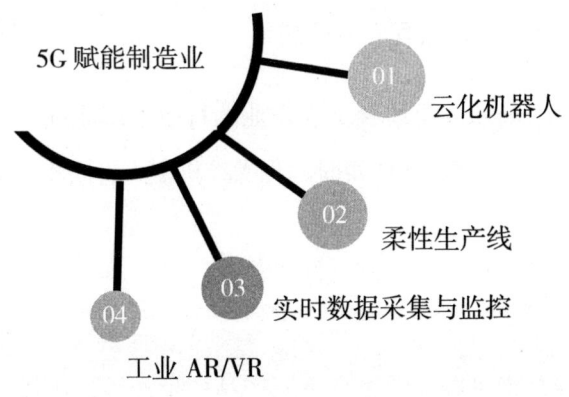

5G 赋能制造业

1. 云化机器人

云化机器人是指位于云端的控制平台利用人工智能、大数据等先进技术，控制本地机器人执行任务。云化机器人会与云端平台进行巨量的实时数据交换，需要 5G 网络支撑。云化机器人其实就是给机器人安上"大脑"的过程。

5G 将从以下三个方面为云化机器人赋能。

（1）使机器人的行动敏捷，让其安全地与工人协作

5G 的高可靠、低时延的特性能让机器人实时感知工人的动作，并灵活地进行反馈和配合。而且机器人会始终与工人保持安全距离，保证人机协作的安全性。

（2）加强机器人之间的协同能力

5G 为工业机器人的相互通信提供支持，使机器人具备组织能力和协同能力。具备协同能力的工业机器人可以通过相互合作，完成单个机器人无法独立完成的任务，拥有更高权限的领导机器人也能通过 5G 网络指挥其他机器人高效完成任务。

（3）实现对机器人的远程实时控制

在一些高温、高压等不适合工人作业的特定生产环境中，机器人能发挥重大作用。工人可以用 5G 网络实时远程操控机器人，同步、安全地完成工作任务。

2. 柔性生产线

柔性生产线是指可以灵活生产不同产品的生产线，比如，某条生产线之

前是生产键盘的,但经过灵活调整后,它也可以生产鼠标。柔性生产线最大的优势是可以根据订单来灵活调整生产任务,可以实现大规模的多样化、个性化、定制化生产。

过去,生产线的模块化设计虽然已经比较完善,但是由于受到物理空间中的网络部署限制,制造企业在进行混线生产时会受到较大约束,而5G的到来将很快改变这一现状。

5G将从以下两个方面为柔性生产线赋能。

（1）网络部署方式弹性化

5G网络中的SDN(软件定义网络)、NFV(网络功能虚拟化)和网络切片功能,可以支持制造企业根据业务场景编排网络架构,灵活地按需打造专属的传输网络。企业还可以根据不同的传输需求对网络资源进行弹性调配,并通过带宽限制和优先级配置等方式,为不同的生产环节提供适合的网络功能。

（2）生产线部署更灵活

柔性生产线上的制造模块要具备改造成本低、重部署、能力强的特点,因此这些模块就要摆脱线缆的束缚,能够自由灵活地拆分和组合。而实现这些功能就需要5G网络的强大连接能力。在这种部署方式下,柔性生产线的工序可以根据原料、订单的变化而灵活调整,设备之间的通信关系也会随之发生改变。

3. 实时数据采集与监控

在智能工厂中,生产数据的采集和车间、设备状态的监控十分重要,因为数据采集和监控能为生产的决策和设备的运转维护提供可靠的依据。虽然目前 NB-IoT、Zigbee 等无线技术已经在工业数据采集与监控中得到了应用，但它们的传输速率、覆盖范围、延迟、可靠性和安全性等方面远远不如 5G。

5G 将从以下三个方面为数据采集与监控赋能。

（1）支持超高清视频监控和机器视觉识别

5G 网络能够将厂房内高清监控录像同步回传到控制中心，还原车间内各区域的生产细节，为工厂的精细化管理提供支持。智能工厂中的产品缺陷检测、精细原材料识别、精密测量等业务场景需要用到视频图像识别技术。5G 网络能保障海量高清视频图像的实时传输，提升机器视觉系统的识别速度和精度。

（2）促进工厂内海量数据实时上传

5G 网络可以将工厂内海量的生产设备及关键部件互联，以提升生产数据采集的及时性，为生产流程优化、能耗管理提供网络支撑。此外，工厂内的环境传感器可以通过 5G 网络将车间内的温度、湿度、亮度、空气质量、污染等信息状态实时上报，让管理人员能够对车间和厂房内的环境实施精准调控。

（3）提升工厂设备远程运行和维护能力

5G 的高可靠、低时延、低功耗的特性能够支持生产设备的远程运行和维修，使生产设备的维护工作可以突破时间和空间的限制，实现跨工厂、跨地域的远程故障诊断和维修。

4. 工业 AR、VR

在工业领域，AR 技术将用于装配过程指导、设备检修等业务环境，它可

第4章
5G+工业互联网,如何撬动制造业万亿级产业链市场

以通过虚拟影像与真实视觉叠加的方式,直观地呈现出操作步骤,帮助工程师缩短作业时间,降低错误率。VR技术将用于工业设计领域,它可以让分隔两地的工作人员进入同一个虚拟场景中,共同设计产品。超高清AR、VR视频每秒容量高达百兆以上,目前的4G网络或Wi-Fi网络很难对它们进行稳定、流畅、实时地传输,只有5G网络可以解决这个难题。

5G将从以下三个方面为工业AR、VR赋能。

(1)提升工业AR、VR的显示效果

5G网络高速率、大容量的特性将满足AR、VR应用过程中的海量视频传输,可以大大提升AR、VR设备的流畅度和清晰度。5G网络能够支撑8K分辨率、3D等图像的极致显示需求,呈现更加精细的视觉效果,让使用者有更好的视觉体验。

(2)提高工业AR、VR的交互体验

工业AR、VR技术的发展方向,是通过交互设备让使用者与虚拟或现实环境进行实时互动。5G将满足远程多人协同设计、虚拟工厂操作培训等工业AR、VR应用的需求,增强用户与用户、用户与环境之间的交互体验。

(3)使工业AR、VR终端更加轻便、价格更低

工厂环境复杂多变,VR、AR终端要具备一定的灵活性和轻便性。基于5G技术,VR、AR终端可以将数据和计算密集型任务转移到云端处理,仅在终端保留连接和显示功能。这样一来,VR、AR终端的造价将大幅降低。

随着与制造业融合程度的加深,5G不仅会带来生产过程的优化,还将带动一系列革命性的新产品、新技术、新模式在制造业中普及并应用。在5G时

代，制造业智能化升级将更为快速、全面和深入，以 5G 为核心的融合创新，将为我国制造业的发展提供强劲的动力。

4.3　海量连接：5G 赋能工业互联网

美国通用公司在 2013 年就提出了工业互联网的概念，并将工业互联网定义为："智慧的机器，加上分析的功能和移动性。"

如果说消费互联网就是通过手机这样的通信终端进入互联网，实现社交、网游、支付等功能的话，那么，工业互联网就是要把机器设备装上传感器，将收集到的数据通过通信模块传输到云计算平台，通过计算分析产生智慧数据，实现人机交互和机器管理。

工业互联网的理论提出已久，并且一直在完善和发展。5G 的到来对工业互联网的发展产生什么积极作用呢？在回答这个问题之前，我们先来了解什么是工业互联网。

4.3.1　什么是工业互联网

工业互联网是"全球工业系统与高级计算、分析、感应技术以及互联网连接融合的结果"，它包括"两大连接场景 + 三大业务闭环 + 四大应用模式"。

第 4 章
5G+ 工业互联网，如何撬动制造业万亿级产业链市场

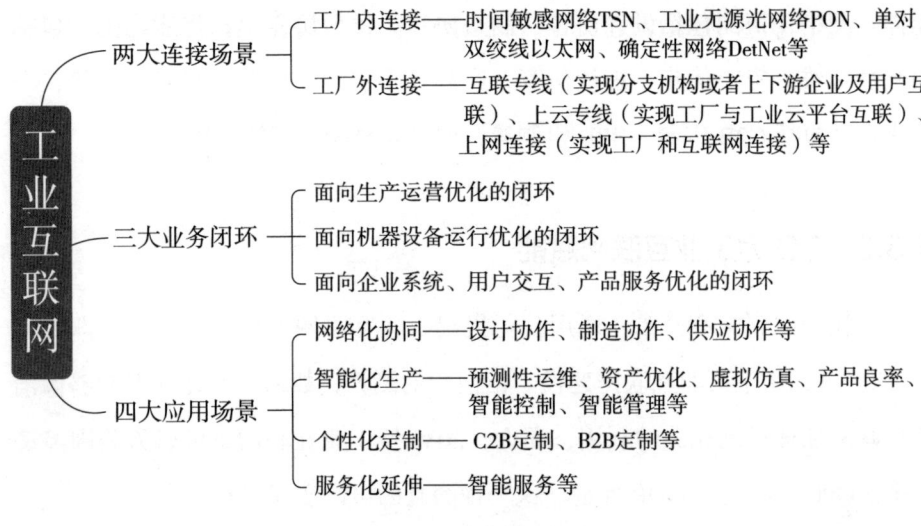

工业互联网的基本架构

1. 两大连接

两大连接是指工厂内和工厂外全面连接，工厂内网络主要采用有线连接，包括时间敏感网络 TSN、工业无源光网络 PON、单对双绞线以太网、确定性网络 DetNet 等。5G 的到来将让工厂内的连接从有线变为无线，让各种设备的部署更加灵活。

工厂外连接主要包括互联专线（实现分支机构或者上下游企业及用户互联）、上云专线（实现工厂与工业云平台互联）、上网连接（实现工厂和互联网连接）等。

2. 三大业务闭环

三大业务闭环包括：面向生产运营优化的闭环，面向机器设备运行优化的闭环，面向企业系统、用户交互、产品服务优化的闭环。

3. 四大应用模式

四大应用模式分别是：网络化协同、智能化生产、个性化定制和服务化

延伸。网络化协同包括设计协作、制造协作、供应协作等；智能化生产包括预测性运维、资产优化、虚拟仿真、产品良率、智能控制、智能管理等；个性化定制包括 C2B 定制、B2B 定制等；服务化延伸包括智能服务等。

4.3.2　5G 为工业互联网赋能

让我们回到文章开头，通用公司提出工业互联网的概念后，就立即投资了 15 亿美元用于工业互联网建设。据他们的测算，如果工业互联网能够像消费互联网那样得到充分的利用，那么，2030 年工业互联网将可以为美国经济带来 30000 亿美元的 GDP 增量。这个预测真的可以实现吗？

要想实现这样的经济增长，就要有海量机器连接，而这正是 5G 的一个重要的应用场景，我们又把它叫作低功耗大连接。为什么一定要有海量机器连接呢？这是因为连接越多，覆盖就越广，用于采集分析的数据就越全面，越容易做到协同控制，生产效率就越高。

举个例子，当我们在路上开车的时候，经常会遇到堵车，这是因为车辆开始起步时比较缓慢，还要一辆一辆地顺序启动，这种低效率的启动方式导致道路运行效率变低，最终形成堵车现象。

如果所有的车都联网，那么从理论上就可以实现统一协同操作，头车踩刹车的时候，后面的车也同时都踩下刹车，当头车启动的时候，后面所有的车都同时启动，运行效率就会大大提高，堵车也许就不会发生了。但如果这一排车中有一辆车没有联网，那么就做不到这种高效率的运行。因此我们可以说，在 5G 和工业互联网的时代，连接决定了效率，连接决定了价值，连接也决定了工业互联网高效率的运行模式能否实现。而 5G 具有超强的连接能力，因此我们可以推断，5G 赋能的工业互联网将大幅度提升生产效率，创造极高的经济效益。

5G 赋能工业互联网的成功例子已经不止一个,美国大河特种钢铁厂就是其中之一,它借助德国 SMS 最先进的特种钢生产技术,并融合人工智能算法,实现了智能化的工厂。大河特种钢是世界上第一家人工智能钢厂,全场安装了超过五万个传感器,通过 5G 技术对广泛分布的传感器进行数据采集,进行数据分析,使得企业可以利用不断积累的实时数据来帮助钢厂优化生产和维修。

大河钢铁现任 CEO 认为:"在过去,钢铁产业是 80% 的体力加 20% 的脑力,而大河钢铁将人工智能技术和 5G 技术用于钢铁制造,是 90% 的脑力加 10% 的体力。"5G 赋能工业互联网,让制造业更加智能化,生产效率也将不断提升。我相信通用公司预测的"工业互联网将可以为美国经济带来 30000 亿美元的 GDP 增量"一定会实现。

4.4 循序渐进,提升企业生产力

斯坦福大学经济史学家保罗·戴维在 1989 年的一本著作中称:"大的创新往往需要数十年的时间,才能显著提高小时产出率的水平。"

事实的确如此,在托马斯·爱迪生于 1882 年实现点亮曼哈顿区的壮举之后,大概经历了整整 40 年,才让半数的美国工厂用上电力。

当时,就连美国最好的工厂的建筑设计都不利于采用新的电力技术,他们只能利用群组驱动方式来运转。这种驱动方式需要精心布置固定的滑轮和手柄,把动力从中央动力蒸汽机或者水力涡轮机输送到遍布工厂的各台机器。

为了避免能源的浪费和中断，共同驱动的轴柄长短必须有所限制，因此最好的办法就是让工厂垂直分布，从上到下，每一层都有一个通道，各层的每根轴柄都能带动一组或者多组的机器。受轴柄长短的限制，当时即使能用大型电动机代替现有的驱动轴柄，也不可能大幅度提升劳动生产率。后来，企业主们逐步认识到电力的潜力，由于电力可以给每台机器配备专用的小型发动机，占地巨大的平房式的厂房成为潮流。这时，在这些厂房中，机器可以来回摆放，以实现高效率的、最便捷的物料运送。

然而，放弃已有的城区厂房搬迁到空间更大的郊外，这也是美国电力化的过程需要数十年的原因。不过，配备了电动机的数百万英亩的平房式的厂房，最终遍布美国中西部的工业区，每小时产出率也开始大幅的提升。因此，信息技术革命从开始到能够显著提升劳动生产率，也必然需要一个实实在在的落地过程。

美国劳动生产率在 1996 年开始重回高增长，是因为 1996 年前后发生了四起标志性的事件，第一件是美国浏览器公司 Network 成功上市，第二件是微软旗下的 Windows 95 大获成功，第三件是万维网技术超过了 Telnet 成为最主流的互联网应用，第四件是互联网逐渐进入爆发期。

这些事件绝不是巧合，它们与劳动生产率的提升是一种因果关系。一方面，网络浏览器和 Windows 操作系统降低了计算机使用的门槛，使之在教育科研机构、工厂、公司家庭逐步普及；另一方面，互联网大大提高了信息沟通的效率，最终使劳动生产率连续十年保持了快速增长。

2005 年后，美国劳动生产率五年平均值从 3.1% 回落到了 1.6%，基本回到了互联网革命前的水平，这是否意味着互联网提升劳动生产率的作用已经结束了呢？

第 4 章
5G+ 工业互联网，如何撬动制造业万亿级产业链市场

我们的答案是否定的，我认为这只是传统互联网对劳动生产率提升的结束，而新的移动互联网提升劳动生产率的效果尚未显现。

移动互联网的两个最大特点就是去中心化和缩短路径，随着 5G 的到来，它将加快推动生产力发展的脚步。未来生产力的发展主要体现在以下四个方面：

（1）行业将变得越来越模糊

过去，传统产业有很多的分工，但是随着移动互联网的兴起现在很多分工的界限会被打破，前面已经提到了互联网的两个重要特征就是去中心化和缩短路径。5G 必将使这一趋势进一步深入和细化，路径的缩短使得信息不对称减少很多，过去依赖于信息不对称存在的中介服务行业可能会面临着被替代的风险。

旅游业中自由行的比重越来越高的原因，除了人们的个性化需求越来越强以外，分享的便利性也使得很多对于旅游目的地熟悉的人，能够在网上分享自己对网点和食宿地点以及交通条件的评价，从而使得没有去过这些景点的人们，也能够在出发前对旅游目的地的情况了如指掌。因此，对作为传统旅游中介的旅行社和向导的依赖程度就会大幅度地减少，与此同时，也催生了在线旅游服务的新行业。

（2）行业内部的传统业务模式将发生重构

这方面最典型的例子就是出租车行业，大家可能对滴滴打车和快的打车在 2014 年年初的补贴大战还记忆犹新，当时双方不惜斥巨资请全国人民打车，网约车业务因此迅速发展了起来，传统出租车行业也因此被重构。

首先，由于网约车服务具有天然的 O2O 特征，线上服务和线下对接可以

迅速地形成闭环，网约车车辆的使用效率得到了提升，由于司机可以知道哪里有人用车，已知目的地等信息，使得空驶率大为下降。

其次，在网约车出现之前，客户只能通过路边挥手招车或者电话叫车的方式来叫车，叫车效率并不高。网约车出现后，不仅提高了客户叫车的效率，还可以提供预约用车的定制服务，用户的个性化需求就得到了满足。

最后，在网约车业务线上线下融合的过程中，平台提供者还获得了客户的流量，这是互联网世界中最宝贵的资源。平台可以将流量转化为不同的商业价值，比如说租车收入的分成、增值服务的收益等。

（3）生产者和消费者的界限变得越来越模糊

互联网给个性化需求提供了可能。消费者不再是产品和服务的被动接受者，未来类似于私人定制的定制化生产将越来越多地在各个领域出现。3D打印等新技术的应用与发展，将使工业领域的低成本、小规模定制化的柔性生产成为可能。

（4）社会资源的流动和组织形态可能发生重大变化

城市是工业化的进程中，为了满足大量工人的生活配套而出现的，当前很多大城市的规模已经达到了环境资源所能承受的极限。对于城市居民来说，高房价和交通堵塞也是难以承受的高成本，而房价高和交通堵塞的根源还是由于资源过于集中在城市的核心地带。

然而，资源和人的流动是相互关联的。如果未来移动互联网在生产领域的应用，能够使得人们自主决定工作地点和工作时间，那么人们就无须聚集到城市的中心去办公，整个资源的流动性也会发生深刻的改变。

第 4 章
5G+工业互联网，如何撬动制造业万亿级产业链市场

此外，移动互联网技术的发展也使远程医疗和在线教育得到普及。大城市在医疗和教育资源方面的优势也将被慢慢削弱，长远来看，大型或者超大型城市的资源，特别是土地资源的价格也可能会逐步受到冲击，由此我们可以预见，由于 5G 所带来的产业互联网的应用，移动互联的力量必将是传统工业制造业的生产力。

【热点问答】

华为"杀手锏"鸿蒙，赢在这三点

2019 年，鸿蒙操作系统在华为合作伙伴大会上正式亮相，成为人们热议的话题。操作系统不像折叠手机那样看得见、摸得着，所以很多人都不理解鸿蒙操作系统诞生的重要意义，以及它对未来 5G 应用的影响。在本节中，我就来为大家讲一讲鸿蒙操作系统。

鸿蒙 OS（英文：Harmony OS）是一款"面向未来"的操作系统，它是一款基于微内核技术，面向全场景的分布式操作系统，可按需扩展，实现系统安全的提升。鸿蒙 OS 有三层架构，依次为内核、基础服务和程序框架，未来，鸿蒙 OS 将适配于手机、平板、电视、智能汽车、可穿戴设备等多终端设备。

如果说 2007 年乔布斯用苹果手机和 App store 软件商店重新定义了移动互联网，那么，鸿蒙操作系统的诞生将重新定义万物智联的 5G 时代，它连接物的能力必然成为 5G 的杀手级应用。为什么这么说呢？

这就要从鸿蒙操作系统的三大特征说起，鸿蒙操作系统的三个

特征分别是开源化、全场景和微内核。

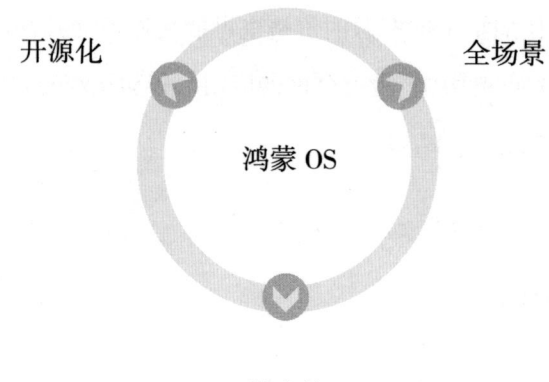

鸿蒙系统的三大制胜法宝

开源化是指为了便于开发者开发和利用，操作系统的源代码是开放的。开源的操作系统犹如免费的高速公路一样的基础设施，这对于广大有志于在 5G 时代一显身手的创业者而言，无疑是一大福音。对于华为而言，开源的操作系统也将有利于快速打造基于物联网、车联网和工业互联网等新型应用场景下的新生态。此外，鸿蒙系统的开源性对于摆脱国外操作系统的依赖性，也有着十分重要的战略意义。

以往的操作系统基本上都是面向任务或者功能而设计，而鸿蒙则号称是面向全场景的。两者的区别在哪里呢？自动驾驶汽车是车联网的一种功能，而自动泊车则是一种应用场景，后者需要考虑更多的线下因素。由于 5G 时代的应用大多数是线上线下相结合的，所以鸿蒙操作系统是基于应用场景来进行设计的，是一种非常先进的技术，而且线下场景千变万化，要想做到全场景是一件十分不容易的事。

第 4 章
5G+ 工业互联网，如何撬动制造业万亿级产业链市场

相信很多人在使用早期智能手机的时候，都有过这样的经历：朋友发给你一段视频，系统通知说对不起你的手机无法显示，请到电脑上用浏览器打开此链接，这就是操作系统对内容的不兼容。一个操作系统要想实现全兼容，就必须要有杀手锏，现在看来，鸿蒙的这个杀手锏就是微内核技术。

与传统操作系统的内核技术不同，微内核技术将操作系统的整体功能拆解为一个个子模块，各个功能模块犹如一个个不同形状的积木，可以根据不同场景的需要，自由搭建成所需要的功能组合。

有了微内核技术，鸿蒙操作系统不仅具有普适性、灵活性，而且还将十分安全。这是为什么呢？

大家知道美国尼米兹号航空母舰有多少个密闭仓吗？答案是2000多个，这是一种分布式结构，这种结构具有相当的安全性，即使弄破几十个甚至上百个密闭仓，舰艇也不会下沉。鸿蒙系统的微内核就像航空母舰中众多的密闭仓，可以保证航母的安全。

宏内核操作系统的安全管理策略，就如同对产品进行整体质量控制。而微内核的安全管理策略则相当于将产品的生产工序分解后再进行精准控制，所以微内核操作系统的安全等级会大幅提升，管理范围也会大幅度缩小。

开源化、全场景和微内核是鸿蒙操作系统的三大核心技术，也是它在 5G 时代制胜的关键。

第 5 章

5G 金融盛宴开启,金融行业如何才能分一杯羹

　　5G 对金融科技的赋能开启了智慧金融的新引擎,不仅推动了金融机构的智慧化转型,更促进了金融服务的多样化、智能化、无界化发展。金融机构应该抓住机遇,积极推进 5G 应用,提升服务水平和风控水平,赢得更多的客户。

5.1 5G，开启智慧金融新引擎

任何行业的发展都离不开科技，金融行业同样如此。金融科技是近几年比较热门的概念之一，它是指大数据、云计算、区块链、人工智能、移动互联等新一代 IT 技术在金融领域的发展和应用。随着 IT 技术的进步，金融科技也经历了三个发展阶段。

第一个阶段称为金融 IT，在这个阶段，IT 技术的软硬件应用，帮助金融行业实现了办公自动化和业务电子化，提高金融业务的效率。银行等金融机构中的核心系统、信贷系统、清算系统等都是金融 IT 阶段的产物。

第二个阶段是互联网金融，在这个阶段，金融业利用互联网和移动终端搭建在线业务平台，实现了信息共享和业务融合。互联网基金、P2P 网络借贷、互联网保险等都是典型的互联网金融产品。

第三个阶段是金融科技 3.0 阶段，在这个阶段，金融业通过大数据、云计算、人工智能、区块链等新技术，来解决风险定价模型、投资决策过程、信用中介角色和金融信息采集来源等传统金融的痛点，大幅提升了金融行业的

第 5 章
5G 金融盛宴开启，金融行业如何才能分一杯羹

效率。金融科技 3.0 阶段的代表性应用有大数据征信、智能投顾、供应链金融等。

随着 5G 网络的成熟，IT 技术将进一步发展，金融科技必将向着更加智能化的方向前进。那么，这对整个金融行业来说意味着什么呢？

5.1.1　5G 给金融业带来的影响

总结起来，5G 给整个金融行业带来了四个方面的影响。

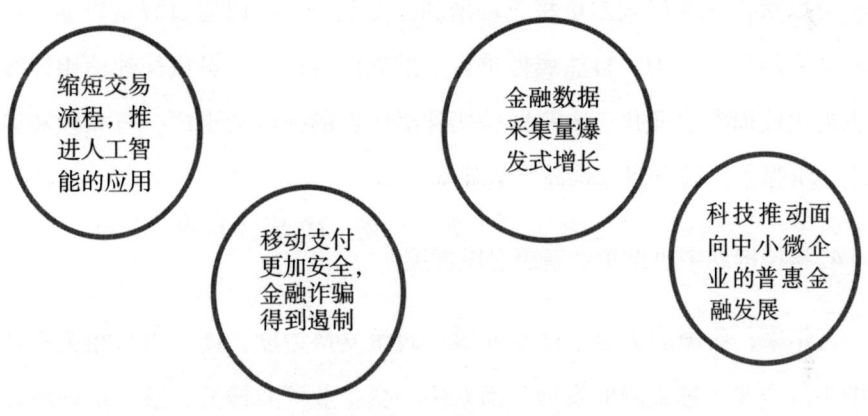

5G 给金融行业带来的四大影响

1. 缩短交易流程，推进人工智能的应用

我们都知道，5G 具有高速率、低时延、大容量的特点，如果将这三大特点应用于金融行业中，必然极大地提升交易效率，也能够起到简化交易流程的目的。同时，5G 技术可以推动人工智能在金融行业中的应用。目前智能投顾等人工智能应用已经出现并投入使用，有了 5G 的赋能，人工智能应用将在金融业中逐渐普及。

2. 移动支付更加安全，金融诈骗得到遏制

5G 为金融行业赋能后，过去的交互延迟、网络拥堵、安全性差等现象将会彻底消失。移动支付将会变得更加安全和快捷，用户再也不必担心交易高峰期的拥堵和延迟。而且，现存的假基站和号码冒用等金融诈骗手段也将无所遁形。

3. 金融数据采集量爆发式增长

5G 让"万物互联"成为现实，网络上接入的终端将呈几何式增长，金融机构可以获得的客户数据也将急剧增加。专业人员可以通过海量数据，对企业和个人的经济行为、自然属性进行更准确的分析。金融机构的信用评级体系也将因此而发生变化，未来的信用评级体系的纬度会更广，可靠性和客观性也会更强，数据造假也将被完全杜绝。

4. 科技推动中小微企业普惠金融发展

近年来，我国加大对小微企业财税政策支持力度，连续出台相关政策支持中小微企业普惠金融的发展。面对中小微企业资质偏低、缺乏抵押质押担保、融资难、融资贵等问题，金融科技是推动普惠金融高质量发展的核心力量。5G 高效物联使得解决此类问题的金融终端得以高速发展。各大银行都在积极拥抱金融科技，结合人工智能、云计算、大数据等前沿科技，通过新的风控技术，对企业进行精准画像，实现便捷放贷。金融科技在降低中小微企业信贷获客成本、提高贷款效率的同时，也降低了风险水平，使银行不良率等指标明显下降。

5G 对金融行业的影响主要体现在这四个方面。当然，这只是我的预测，当 5G 真正深入应用到金融行业以后，说不定会带来更多的创新和优化。

第 5 章
5G 金融盛宴开启，金融行业如何才能分一杯羹

5.1.2　5G 在智慧金融中的应用价值

在本节的开头，我提到一个观点：金融科技向智能化的方向发展。换句话说，未来的金融行业将进化为智慧金融。而 5G 正是推动智慧金融的重要力量，它具有提升用户体验、拓展应用场景、提升服务能力三大应用价值。

1. 5G 提升用户体验

当 5G 网络全面普及后，金融服务的用户体验将得到巨大提升。这种提升体现在线上、线下两方面。

首先，在 5G 时代很多实体网点业务将被搬到线上，用户可以通过远程交互系统办理业务。尤其是在 AR、VR 技术和可穿戴设备普及，现有的金融业务模式将彻底改写，远程金融服务或许将成为主流。

其次，线下无人网点、智慧网点的数量将大幅增加，人工智能、VR/AR、全息投影、生物识别等技术将广泛应用于线下网点。为用户服务的将不再是人，而是各种智能硬件设备，无人化和自助化是未来金融机构线下网点的发展趋势。

未来，无论是线上金融服务，还是线下金融服务，都将实现"千人千面"。因为，5G 技术提升了服务效率和响应速度，更多更细致的客户需求都可以被充分满足。

2. 5G 拓展的应用场景

近几年，银行、证券、保险等传统金融机构都在不断地探索智能营销、智能风控、智能信贷、智能投顾等前沿技术，目的就是为了拓展金融业务的应用场景。

但是，4G时代的计算能力和传输速度不仅限制了金融科技的发展，也阻碍了金融产品的更新。比如，受时延的影响，金融机构风控质量难以提高，受计算能力影响，营销产品的精准性有所欠缺。

5G技术则打破了过去的局限，让金融业务更精准、更实时。而且，5G还拓展了金融产品的应用场景，过去相对独立的金融服务将与家居、商场、医院、学校、汽车等生活场景无缝衔接，金融服务将变得无处不在。比如，医疗机构、金融机构与用户可以实现三方互联，医生通过可穿戴设备了解用户的身体状态，而金融机构则可以结合医疗数据、用户数据等信息，为用户提供支付、保险、借贷等服务。

在不远的未来，5G将最大限度地拓展金融行业的业务边界，并推动智慧金融向更深、更广的领域发展。

3. 提升服务能力

5G时代到来后，会催生更多智能终端，它们产生的数据量将远超过去，这将为智慧金融发展提供更丰富的数据依据。此外，5G将赋能云计算技术和边缘计算技术，提升数据处理和分析的效率。这样一来，金融机构的服务能力将得到提升，用户将获得更方便、更快捷、更安全的金融服务。

5G对金融行业的影响是广泛而深远的，也许整个行业的生态都将发生变化，金融机构应该做好迎接挑战的准备。作为一名普通消费者，我期待着智慧金融带来的便捷体验和创新服务，也期待着智慧金融给生活和社会带来的改变。

第 5 章
5G 金融盛宴开启，金融行业如何才能分一杯羹

5.2 5G 时代的金融服务是无界的

在 4G 时代，移动互联网的发展带动了互联网金融的蓬勃发展，越来越多的人选择用手机办理金融业务。

而 5G 的到来，则意味着移动网络服务会变得更加发达，金融服务也会随之发生变化。我们都知道，5G 会催生出越来越多的智能终端，人们不仅可以在手机上办理金融业务，甚至还可以通过智能手表、智能眼镜、智能手环等智能移动终端来办理金融业务。因此，5G 时代的金融服务必然是移动的。

移动化只是金融服务的未来发展趋势之一，在 5G 时代，金融服务还会向着下沉、无界的方向发展。

5.2.1 金融服务的未来发展趋势

未来的金融服务有三大发展趋势，它们分别是移动化、下沉化和无界化。移动化很好理解，只要你用手机办理过银行业务就能理解金融服务的移动化，这里就不再赘述了，这里重点和大家谈谈下沉化和无界化这两大趋势。

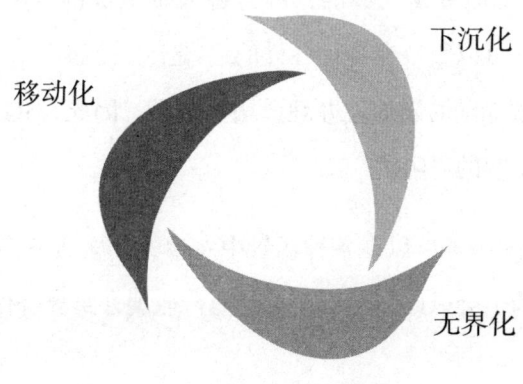

5G 金融服务的三大趋势

1. 下沉化

我国幅员辽阔、人口众多，城乡和地域间的经济水平相差较大，很多人都没有机会享受到正规的金融服务。特别是一些偏远地区人群、低收入人群和弱势群体，他们获取金融服务的成本非常高。而5G时代到来后，优质的金融服务将惠及这部分人群，并覆盖到从未接受金融科技服务的用户，我们把这种趋势叫作金融服务下沉化。

那么，金融服务的下沉是怎样实现的呢？

首先，5G技术可以大幅度降低设备的功耗，金融机构可以铺设更多的设备和网点，让金融服务设备深入到乡村和城镇中。设备的续航时间也会变得很长，维护成本将大大降低。

其次，5G的低时延可以支持远程金融服务和虚拟金融服务，即使再偏远的地区，只要有5G网络，人们就能接受金融服务。很多网点也可以真正做到无人，金融机构的人力成本将大大降低。

2. 无界化

5G时代的金融服务是无界的，因为各大金融机构会推出更加智能化的App，而这些App可以安装在各种各样的终端上，比如汽车、冰箱、手表等。这样一来，人们就能随时随地地办理金融业务了。因此，5G时代的金融服务可以打破时间和空间的界限。

5G时代的金融服务可以在各种场景中发生，金融服务将不再专属于金融机构。而金融机构也会以此为契机，与其他行业展开跨界合作。

第 5 章
5G 金融盛宴开启，金融行业如何才能分一杯羹

5.2.2　5G 时代的金融服务场景

关于未来的金融服务，我们有很多美好的想象，我认为以下几种场景在不久的将来一定会实现的。

1. 远程柜员

远程柜员可以借由 5G 网络传输的高清实时视频来实现。这项服务可以使用户能够在不前往实体网店或足不出户的情况下，获得个性化的服务。无论是在手机上还是在智能 ATM 机上，只要有 5G 网络，用户就能得到远程柜员的服务。

2. 可穿戴设备

5G 时代，可穿戴设备将会更多地应用于金融服务。现在人们可以通过可穿戴设备完成移动支付，未来还会有更多的金融业务可以通过可穿戴设备完成。

可穿戴设备依赖对生物识别数据，然后用户每一次访问设备时，都要扫描指纹。虽然这种方式也能在一定程度上保证用户的数据安全。但在 5G 时代，生物识别技术会更先进，可穿戴设备可以识别面部表情、虹膜，甚至可以通过用户的操作规律来进行识别。因此，金融机构可以为用户提供多重身份验证，以实现更高强度的账户保护。

3. 数据收集

5G 应用可以从用户那里收集稳定的数据，这些数据不仅有助于保护用户账户安全，还可以做很多其他的事情。比如，借助 5G 低时延特性收集到的实时支付信息和位置信息，可以为 AI 个人银行服务铺平道路。而且，用户数据

还可以反映用户的偏好和特点，金融机构可以根据这些信息为用户提供合理的理财建议。

4. 自动化财富助理

自动化财富助理可以帮助用户管理自己的收入和支出，更好地运用自己的财富。对普通人来说，财富助手可以在用户买电影票时提醒他们每月娱乐预算的金额，或者在用户逛超市时提出省钱的方法，在用户网购时自动为他们抓取优惠券，并计算出最佳优惠组合。对于那些拥有大额财富的人来说，财富助手可以为他们提供投资建议，帮助他们管理各种基金、保险和不动产。

5G技术在金融领域的应用不仅使用户受益，金融机构也可以搭建出更高效的后台系统，提升整体运营效率，并为用户提供更快、更好的服务。

5.3 5G到来，消失的不只是二维码

有一种观点认为，5G进入金融领域后，首先受到冲击的将会是支付行业，而且支付行业将被重塑，二维码甚至会消失。当5G与生物识别技术结合以后，将会诞生出许多新的支付手段，比如微表情支付、虹膜支付、声纹支付，甚至脑电波支付等。

怎么样，你是不是很期待这些新奇的支付方式呢？事实上，5G对金融业的改变远远不止支付环节。

在本节中，我将从获客、风控、运营、智能科技这四个层面来为大家详细分析金融行业的四大变革趋势，以及应该怎样应对这几个变化趋势。

第 5 章
5G 金融盛宴开启，金融行业如何才能分一杯羹

5.3.1 金融行业的四大变革趋势

在金融行业中，识别风险、获取客户是最重要的两项任务，5G 将在获客、风控、运营和智能科技这四个方面为金融行业赋能，而这也是未来金融行业的发展方向。

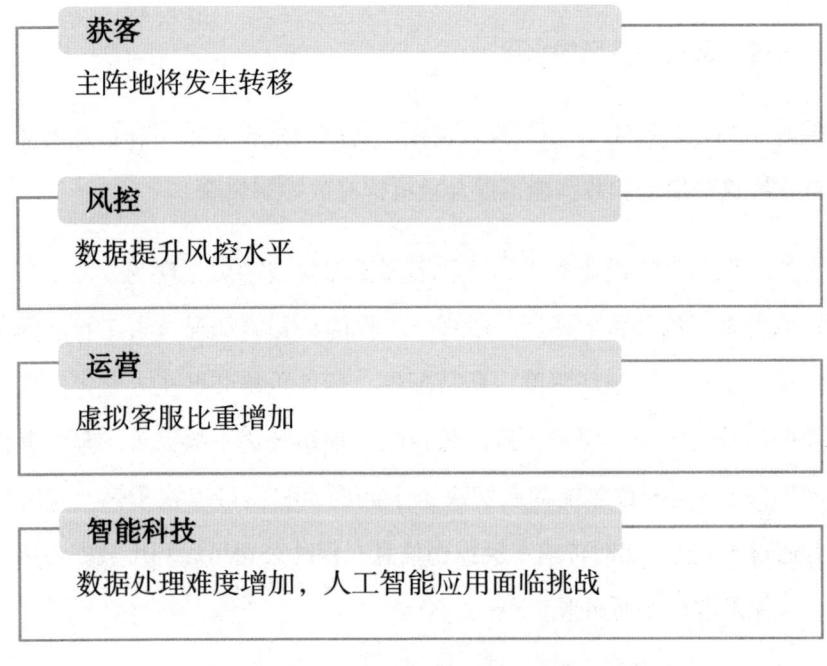

未来金融行业的四大变革趋势

1. 获客：主阵地将发生转移

在金融行业中，支付是最大的获客环节，因为它发生的频率最高。目前人们主要依赖手机支付，但当万物互联的时代到来以后，人们将拥有更多的智能终端，并摆脱对手机的依赖。

我们可以畅想一下，未来会出现什么样的智能移动终端？它是否能够取

代手机的位置？不过，毋庸置疑的是手机将不再是唯一的移动支付终端，金融行业的获客主阵地必将发生转移。

目前，已经有不少智能 5G 终端厂商正在与金融科技公司合作，共同探索新的支付场景和支付手段，迭代后的新智能终端将会是新的流量入口和金融获客的主阵地。

2. 风控：数据提升风控水平

随着 5G 设备和 5G 应用的投入使用，金融行业搜集数据和信息的能力会越来越强，这些信息和数据能帮助金融机构有效控制风险。

比如，在车险定损业务中，已经不需要保险查勘员去现场查勘了，只需要客户围着车子拍几张照或者一段视频，保险公司就能通过人工智能图像分析系统识别出车子的损伤程度、所需配件、配件价格和购买方式等，这是保险行业中的智能定损。但是，目前的智能定损系统仍不够完善，车险欺诈事件依然频发。只有 5G 才能彻底解决这个问题，我们可以在车辆上安装传感器，并通过 5G 网络实时传输车辆损伤信息，保险公司可以利用数据还原事故现场，让保险欺诈无所遁形。

再例如，前面提到的，科技推动中小微企业普惠金融发展。由于一般银行对中小微企业贷款倾向于不动产抵押，且小微企业经营数据不易搜集，所以，小微贷一直是金融行业的一个痛点。进入 5G 时代后，小微企业的生产、销售、运输等数据都可以通过 5G 网络实时传送，金融机构在做风险评估时也会有更多依据。

财货通基于数码智能终端及供应链风控系统创新的供应链金融模式，也是以数据提升风控的典型。该模式以数字化解决手机零售中小企业的动产质

第 5 章
5G 金融盛宴开启，金融行业如何才能分一杯羹

押难题，手机经销商只需通过财货通云平台申请布仓，进行动产质押，即可完成整个融资流程。在这过程中，一方面，平台根据数据自动完成资质审核与额度评估，让经销商快速、安全、便捷地获取贷款资金；另一方面，平台以数字化动产质押的形式对连锁门店放置的货品进行融资监管，基于数码通信企业上下游客户的运营和资信状况，向资金方提供安全、高效的风控服务。

在 5G 赋能下，财货通智能终端将实现更高效的数据挖掘，对小微企业进行精准画像，以数据连接资金流、信息流、物流，通过动产质押，快速、精准地解决上下游客户资金需求，破解小微企业融资难题，降低资金使用风险，实现资金流的高效利用。

3. 运营：虚拟客服比重增加

在 5G 时代，金融机构中将会出现更多的虚拟客服。消费者甚至可以定制自己喜欢的客服形象，比如在法律允许的情况下，用偶像或明星的全息投影形象来作为自己的专属客服。

有了虚拟客服，用户不必再到专门的金融机构网点去办理业务，咖啡店、茶馆、商场、餐厅等地点都可以成为金融服务场景。总的来说，5G 时代的金融服务将更加个性化，也不再受到时间和空间的限制。

4. 金融科技：数据处理难度增加，人工智能应用面临挑战

5G 的到来，让原来无法搜集和存储的数据变得可以搜集和存储了，金融行业中会因此诞生大量非结构化数据（不规则、不完整、没有预定义的数据）。非结构化数据的暴增增加了数据处理的难度，其复杂性也成为金融行业中人工智能的最大阻碍。

人工智能需要足够的学习和训练，才能投入使用。但是在实验室环境中，

人工智能也许能训练出稳定的结果，但面对复杂的实际业务场景和大量的非结构化数据，人工智能能不能达到预期的效果，还是个未知数。因此，非结构化数据的暴增，对金融科技部门来说是一个重大的挑战。

以上是金融行业在5G时代的四大发展趋势，下面我们来看看金融机构应该如何应对这些趋势。

5.3.2 面对变革趋势，金融机构该如何应对

面对上述四大发展趋势，可以从以下两个方面做好准备，以应对5G智慧金融的到来。

首先，要做好数据平台升级的准备，加强对新型数据的整合、分析能力，保证新型数据在传输、储存、使用过程中的安全性。

5G时代到来后，各大金融机构的系统中都会产生大量非结构化数据，这就要求金融机构有强大的数据存储能力。换句话说，金融机构必须先做好基础设施和安全保障，才能顺利迎接5G的到来。

其次，金融机构要开始对智慧金融进行试水，比如小规模投入一些新业务模式和风控模式。金融机构可以和5G智能终端厂商合作，进行智慧金融小规模试点，在原来覆盖不到的、传输速率很慢的地方，进行智慧金融场景实验，并在探索中创新。

在5G普及之前，金融机构必须先练好内功，尽量做到万事俱备，才能乘上5G这股东风。

5.4 5G 赋能金融机构，深化智慧转型

从 1G 到 5G，通信技术的发展史，就是我国金融机构数字化转型的历史。通信技术的每一次更新迭代，我国金融行业都会随之产生一些变化。

1G 时代，国内第一台 ATM 机正式运营（1987 年）；2G 时代，银行短信业务开通，为网上银行业务办理提供了安全保障（1994 年）；3G 时代，移动互联网带动手机银行快速发展（2009 年）；4G 时代，基于移动互联网的智慧银行模式进一步加快发展和创新（2013 年）。

2019 年，中国 5G 商用元年，运用了人工智能、大数据、云计算、生物识别等前沿科技的智慧金融已经成为金融行业的必然发展趋势。因此，各大银行各金融机构也正在积极开展智慧化转型。

5.4.1 5G 推动金融机构的智慧化转型

2019 年伊始，各大银行、金融机构就开始积极布局"智慧金融"战略，将互联网化、数据化、开放化、智能化作为智慧转型的主要目标。多家银行都在金融服务方面进行了大量的尝试和创新。

比如，建设银行在北京和上海推出无人银行和 5G 智能银行；工行推出了首家基于 5G 应用的新型智慧网点；中行在北京推出融合了 5G 元素和生活场景的智能网点"5G 智能+生活馆"；浦发银行在上海张江区开设了 5G 网点，同时推出了首个 API Bank 无界开放银行。

在业内人士看来，云计算、边缘计算、大数据等技术，将会在 5G 驱动下得到快速发展和应用，受它们影响，金融行业的底层架构、表现形式、服务效率也将发生巨大的变革。

因此，除了推出新型 5G 智能网点和无人银行，还有一部分金融机构开始进行组织架构调整，各大金融机构中的网络金融部也开始向数字金融和智慧金融部门转型。在 5G 全面普及之际，越来越多的金融机构开始着手智慧化转型，并进行了大刀阔斧的改革。

5.4.2 金融机构转型趋势：5G 智慧网点

随着互联网的发展，金融机构与客户的接触点越来越多元化，网商银行、手机银行、微信银行、网上证券等各种线上渠道层出不穷。线下实体网点的作用逐渐被弱化了。但是，5G 技术的出现让金融机构线下网点有了新的价值。

银行、证券、保险公司等金融机构纷纷布局线下智慧网点，这对我们普通人来说是一个利好消息。有了 5G 智慧网点，顾客无须工作人员的引导和服务，就可以快速地自助完成各项业务。对金融机构来说，5G 智慧网点可以让金融业务更安全、更高效。比如，基于 5G 的生物识别技术可以精准识别客户身份，降低风险；多屏交互和物联网技术让客户自助办理各种类型的业务，节省了人力资源；远程高清视频技术能为客户提供远程"一对一"服务，让金融服务突破交易介质、时间和空间的限制，拓宽了客源和业务场景。

"智慧化"和"无人化"，听起来似乎很高级，仿佛离我们的生活很远，但是 5G、物联网、云计算等技术的进步让智慧网点、无人网点成为现实。金融机构 5G 智慧网点涉及的技术包括生物识别、人工智能、物联网、全息投影、VR、AR、大数据等新科技。而这些高科技将应用于网点内的迎宾识别、互动体验、展示销售、业务办理等服务，为客户提供智慧化的客户流程。我认为，金融机构 5G 智慧网点，尤其各大银行的 5G 智慧网点将会是最先走入大众生活的 5G 应用之一，它们将真正地让普通人享受到科技发展的丰硕成果。

不过，距离 5G 智慧网点真正普及还有很长的一段路要走，因为金融业务涉及大量资金和重要数据，5G 智慧网点必须保证资金交易和数据传输的安全性，所以必须保证相关技术的成熟性和安全性才能加以应用。

虽然国内已经有多家金融机构开始积极布局 5G 智慧网点，但是目前仍属于试点和摸索阶段，还有许多问题亟待解决。据我所知，一些银行已经搭建了 5G 网络专用数据通道，目的就是为了保障数据安全，将重要业务加密传输。

金融机构的智慧化势在必行，谁能抢先利用 5G 优化服务模式、提升服务质量，谁就能在变幻莫测的金融市场脱颖而出。或许，兼顾基础设施层面的"硬实力转型"和运营层面的"软实力转型"，会更有助于金融机构在 5G 时代制胜。

【热点问答】

金融机构如何推进 5G 技术应用

2019 年 4 月，全国首个"5G+ 金融小镇"在苏州高新区科技城正式落成。在 5G 技术的赋能下，小镇内开展了金融智慧网点的试点运营，人们可以借助 VR 和 AR 进行远程业务办理。

多个 5G 无人银行网点也陆续在北京、上海等地推出，市民们除了可以在 5G 无人银行办理贷款等常规业务，还可以缴纳水电费、燃气费、打印证件照、查询个人信用等。

无数的事实告诉我们，5G 在金融领域的应用已经越来越深入，"5G+ 金融"可以优化和创新金融机构的服务模式，也可以反向推动 5G 的发展和应用。因此，金融机构必须认识到"5G+ 金融"是未来的行业发展方向，要充分认识 5G 以及它的重大作用。

4G 时代，移动互联网的迅猛发展和人工智能技术的推广，成就了互联网金融的繁荣，金融机构的服务方式也随之发生了变化，很多传统金融机构在这次变革中经受住了考验，迅速调整了自己的运营方针，积极拥抱了移动互联网。那么，在 5G 时代来临之际，传统金融机构又该怎么做，才能保证自己不掉队、不落伍呢？

我认为，传统金融机构在推进 5G 应用时，应做到"战略上积极主动，战术上审慎稳妥"。

首先，金融机构应该在战略上主动布局 5G，要转变思维，跳出传统服务模式的框框，要在 5G 的赋能下重塑自己的业务模式。还要学会借助外力，积极寻求外部合作，因为在 5G 时代，封闭的经营发展思路只会让自己走进死胡同，只有跨界合作、互利共赢，才能走向更广阔的舞台。

其次，金融机构在对待 5G 应用时应保持审慎的态度，在将 5G 应用到实际业务前，必须要进行充分的调查和论证。金融机构在推进新应用和新服务时，不仅要摸清用户的需求特点和市场环境，还要充分考虑自身实际情况和能力，只有这样才能找到最适合自己的创新方式。

第 5 章
5G 金融盛宴开启，金融行业如何才能分一杯羹

金融机构推进 5G 技术应用时应把握的原则

此外，金融业务不能完全依赖新技术，还要结合自身的优势。比如，农商银行扎根县城和乡村，具有地缘和人缘优势，那么它在推进 5G 应用时就要充分考虑自己的目标用户和地域特点，在坚守自身优势的基础上，将业务和 5G 应用有机结合。

最后，我想说的是，由于金融行业具有其特殊性，各大机构在推进 5G 应用时必须要坚守安全底线。相比现有的移动通信系统，5G 网络接入的用户和设备数量会呈几何式增长，网络安全风险也会随之增加。所以金融机构在推进 5G 应用时，必须加强风险管理，牢筑金融安全防火墙，严防新技术带来的各种风险。

5G 时代已经到来，金融机构只有顺势而为，才能在竞争激烈的市场中占据一席之地。与此同时，金融机构要审慎对待新技术，在推进 5G 应用前要经过严格论证，运用 5G 技术时也要严格把好安全关，只有这样，才能让 5G 在金融行业中发挥出应有的正面作用。

第 6 章

智慧 5G，各行各业如何借 5G 风口转型

  5G 就像一架引擎，能够为各行各业赋能，为行业的发展提供动力。5G 赋能医疗行业、家居行业、物流行业、城市管理，催生出了智慧医疗、智慧家居、智慧物流、智慧城市，这些智慧化产物将深刻地改变我们的生活。5G 深入行业和社会，不仅让人们的生活更美好，也为行业的转型提供了机遇。

6.1 智慧医疗：远程操控手术不再是梦

医生通过远程操控，为远在千里之外的病人做手术，这在过去是不可想象的，但是在 5G 的赋能下，远程手术已经不再是梦。

2019 年 3 月 16 日，我国首例 5G 远程人体手术取得圆满成功，完成这例手术的是解放军总医院海南医院神经外科主任医师凌至培，他通过远程操控手术设备，为一名 68 岁的帕金森患者植入了脑起搏器。

凌至培主任在接受采访时说："甚至感觉不到病人远在 3000 公里之外。"他之所以有这样的感受，是因为 5G 网络的低时延、高可靠特性为手术提供了稳定可靠的通信保障，让医生可以实时、精准地操控手术设备，这是过去 4G 网络无法做到的。

这例手术是医疗与 5G 融合的经典范例，是业界对智慧医疗的初步探索，未来，还会有更多这样的远程手术，高水平的专家可以直接为偏远地区的患者实施手术，全面提升我国的基层医疗水平。

5G 在医疗行业的应用，不仅让远程手术成为现实，也打开了医疗资源配置、医疗方式的新窗口，让行业、患者和医疗机构都能从中获益。

6.1.1 行业：数据资源整合，提升效率

5G带来的便利之一，就是提升机器的计算能力和处理数据的效率，在医疗行业中，这意味着医疗数据资源会被整合，医疗效率将大大提高。5G时代，医疗行业的数据资源整合主要体现在以下三个方面。

1. 医疗终端数据共享

在传统的医疗模式中，患者的病例只保存在本院，如果患者需要到异地就医，就需要重新检查，这不仅浪费了患者的时间和金钱，也占用了宝贵的公共医疗资源。如果能实现医疗终端的数据共享，各个医院之间就可以无障碍地调阅患者的过往病例，给患者就医和医生诊断带来极大的便利。

因此，我预测未来的电子病历系统将更加完善和安全，医生可以通过高速、稳定的5G网络快速查阅异地病例，上传患者信息，并利用共享数据进行异地会诊。而且，5G网络的安全性也杜绝了电子病历被篡改的可能。虽然，目前现有的电子病历系统还存在信息不完整、安全性不强、影像结果无法共享、存在隐私泄露风险等弊端，但我相信未来的5G应用一定能够很好地解决这些问题。

医疗终端数据共享方便了患者和医生，5G可以让医疗终端上的庞大数据重新流动起来，并在流动中发挥出最大价值。

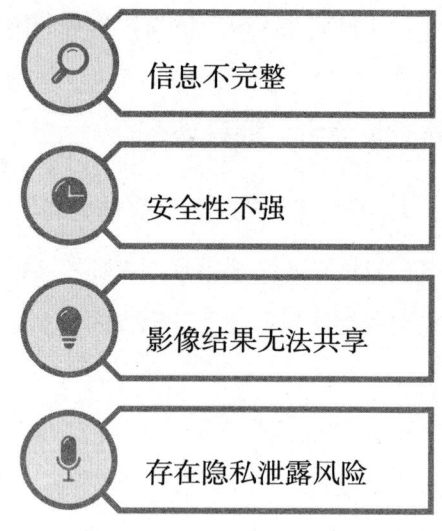

现有电子病历系统的主要弊端

2. 形成医疗数据库

在5G技术的赋能下,医疗行业将建立并运行强大的医疗数据库,5G技术的高速率和大带宽保证了医疗数据库的高速运转,人们可以安全而快速地访问、下载和上传数据。

医疗数据库的建立可以为患者提供诸多方便,首先,患者可以直接在线访问医疗数据库中的电子病历,了解自己的就医流程。其次,患者可以通过医疗数据库获取更多与自己病情相关的信息,比如医嘱和其他患者的分享,这些信息能为患者的治疗和后期护理提供帮助。

3. 生成智能医疗方案

5G在医疗领域的应用,将会推动智能医疗设备的发展。远程医疗传感器将会在5G时代得到普及,患者在家中佩戴传感器,就能将自己的各项数据实时传输给医生,医患之间的交流将会变得更加简单、高效。

除了远程医疗传感器以外，人工智能也将在智慧医疗领域大放异彩，5G与人工智能相结合，让智能诊断、智能医疗方案成为可能。很多人可能会对人工智能诊断的准确性产生怀疑，但我要强调的是，医学是一门非常严谨的科学，需要大量的依据才能做准确的诊断。而人工智能具有强大的认知能力，可以深度学习大量医学文献和病例，并帮助医生分析数据，为最后的诊断结果提供更多的依据和支撑。因此，在人工智能的辅助下，诊断结果一定会更准确、更高效。

6.1.2 机构：更多智慧医疗方式

5G的到来对机构来说意味着更多的智慧医疗方式，比如远程医疗、医疗器械联动、全电子化流程等。下面，我们就来具体了解以下这些即将全面普及的智慧医疗方式。

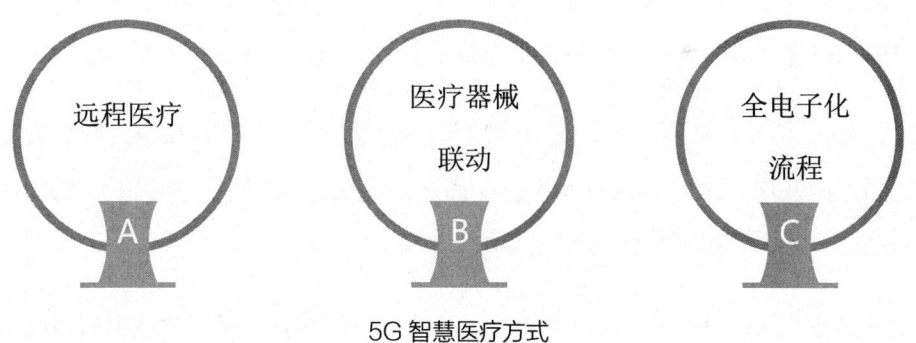

5G智慧医疗方式

1. 远程医疗

远程医疗可以打破时间和空间的限制，即使医生和患者分处两地，他们也可以借助终端设备和电子病历中的数据，来完成就医和诊疗活动。对于那些需要急救的患者，远程医疗就是一根"救命稻草"，本节开头提到的远程手术就是远程医疗的成功范例。

其实，远程医疗并不是一个新鲜事物，它在很早以前就已经出现了。但是，过去的网络条件不足以支撑精确、安全的远程治疗，因为4G网络不仅有时延，而且不够稳定。如果在4G网络下进行远程治疗，医生看到的画面可能是1秒之前的，而医生反馈的信息也会发生延迟，这样一来二去，就有可能会耽误患者的治疗。因此，在4G时代，远程医疗没能发挥出它应有的作用。

有了5G网络以后，远程医疗的延迟问题得到了解决，医生可以和患者实时互动，而且传输画面更加高清，医生的治疗和诊断也会更加精准。此外，远程医疗还可以对患者的手术预后和康复治疗提供帮助。

2. 医疗器械联动

医生在为患者诊断和治疗的过程中，需要用到一些医疗器械，比如外伤处置车、麻醉机、呼吸机、血液细胞分析仪、分化分析仪、超声仪、X线机、核磁共振等。这些医疗器械中，很多都是独立运行的，无法实现联动。

5G应用于医疗行业后，这一状况将被改写，因为医疗器械也将向着智慧化的方向发展，医疗器械联动也将全面运用到临床医疗中。事实上，目前我国已经有了第一例医疗器械联动的成功案例。

2019年6月17日，四川宜宾发生了地震，四川省人民医院在灾后救援中启动了5G应急救援系统，对伤者进行了及时救治。5G救援系统是5G与各种医疗器械的有机结合，它打破了信息壁垒，并借助人工智能、AR、VR等技术实现了医疗器械之间的联动。所以，在此次救援行动中，医护人员能够迅速完成验血、心电图等一系列检查，并通过5G网络将伤者的伤情记录、医学影像实时传送到医院，并开展视频会诊，为进一步救治提前做好准备。5G

救援系统在这次救援行动中发挥了重大作用，它实现了救援前线与医院的无缝连接，缩短了救治响应时间和诊断时间，为医护人员和伤者赢得了宝贵的时间。

时间就是生命，在灾难和重大疾病面前，医护人员的每一次救治都是在与时间赛跑，而 5G 医疗器械联动能帮助医护人员争取更多时间，为患者带来更多生的希望。

3. 全电子化流程

除了急救、手术等重大而紧急的医疗场景以外，5G 技术还可以运用于普通就诊环节。5G 可以实现医疗就诊流程的全电子化。比如，患者可以通过线上咨询来初步了解自己的病情，然后再进行线上预约挂号，避免排队的麻烦。在就诊过程中，患者可以使用电子就诊卡，并用电子就诊卡完成挂号、缴费、报告查询等动作。取药流程也可以通过"线上缴费、线下取药"的方式变得更加快捷。

事实上，全电子化流程已经初步发展起来了，2018 年 5 月，华山医院就依托中国电信，推出了电子就诊卡，实现了就诊流程的全电子化。5G 普及以后，电子就诊卡也将进一步得到推广，并覆盖到全国更多的地域。

就诊的全电子化流程不仅方便了患者，也可以降低医院的运营成本，提升医院的运营效率，还能起到杜绝黄牛、维护正常的医疗秩序的作用。

6.1.3 患者：看病更方便

"看病难、看病慢"是很多患者共同的烦恼，不仅挂号难，各项检查也要花不少时间，很多患者形容自己的看病过程是"马拉松式看病"。但是，5G

智慧医疗可以让患者彻底告别这种低效率的看病方式。

首先，患者预约时间将大大缩短，问诊、检查、治疗、开药、缴费等环节都可以"一站式"搞定。有些慢性病甚至可以通过远程医疗来调养，药品也可以"送货"上门，患者足不出户就能接受治疗。

其次，5G智慧医疗可以为患者提供虚拟护理服务。患者治疗期间，护士的重要程度不亚于医生，没有护士的精心照料，患者不可能顺利康复。特别是一些重大疾病的治疗，根本少不了优秀的护士。但是，目前医疗行业存在优秀护士短缺的情况，所以需要虚拟护理服务来填补这个空白。在5G技术的支持下，虚拟护理系统可以高效地收集患者的各类信息，包括饮食习惯、生活作息、服药情况、恢复情况等。虚拟护理系统对这些信息进行分析后，可以评估患者的健康状况，并利用智能化手段协助患者进行康复活动。

早在2014年，美国的Sense.ly公司就推出了一个虚拟护士平台，这个平台上集成了医疗传感、远程医疗、语音识别和AR等多项技术，可以为患者提供先进的医疗服务。此外，Sense.ly还推出了一位叫Molly的虚拟护士，Molly可以像苹果的Siri一样，通过手机、PAD、PC等终端与患者对话，并采集患者的信息和数据，然后将这些信息和数据传输给后台的超级计算机IBM Watson进行处理。患者的信息处理完毕后，超级计算机会生成相应的治疗方案，虚拟护士Molly会把治疗方案传达给患者，以提高患者的就医率。医生也可以通过这个平台来了解患者的信息情况。

我相信，5G全面普及以后，像Molly一样的虚拟护士也会像苹果siri、微软小娜一样出现在我们每个人的手机里，时刻关注我们的健康状况。在5G时代，智慧医疗将会挽救更多生命，为更多患者带来希望。

5G 与医疗的结合是科技的进步，也是社会的福祉，更多的患者将得到更好的救治，更多的人将重获希望。

6.2 智能家居："未来之屋"离你有多远

你知道"1835 73rd Ave NE，Medina，WA98039"这串字符代表了什么吗？

它是比尔·盖茨高科技湖滨别墅"未来之屋"的地址。这幢兴建于 20 世纪 90 年代初、总造价超过 6000 万美元的别墅，总共铺设了 84 公里长的线缆，这些线缆连接着未来之屋的供电系统、光纤数字神经系统以及各种家电，它们共同为主人服务，满足主人的各项需求。

尽管已经过去了二十多年，但如今，我们的智能家居依然只能实现"未来之屋"的小部分功能。随着 5G 的全面普及，我相信，在不久的将来，这座承载了人类关于智能家居全部想象的"未来之屋"很快就会走进普通消费者的生活。

6.2.1 现阶段的智能家居并不智能

事实上，在科技不断进步、智能家居行业发展突飞猛进的今天，在期盼更高水平智能家居的同时，我也始终思考着这样一个问题：从"未来之屋"到今天的智能家居，这个行业的发展究竟是太快了，还是太慢了？

有人说，智能家居行业发展很快，当年比尔·盖茨花数千万美元建造的设备，今天只需要几千元就能买到；也有人说，这个行业发展太慢，因为直到今天，智能家居产业仍然与消费者保持着疏离感，消费者对智能家居的态度也是"有更好，没有也行"。

那么，消费者真的不需要智能家居吗？

我想，答案一定是否定的，应该没有哪个消费者会拒绝像"未来之屋"一样的智能家居。而如今，之所以许多消费者对智能家居不感冒，恰恰正是因为现阶段的智能家居还没有达到他们的要求。

那么，什么才是消费者心目中理想的智能家居呢？

关于这个问题，我在知乎上曾看到过的一篇关于未来智能家居的文章，应该可以回答：

"小A是最棒的智能管家，它的主人是一个爱睡懒觉的普通上班族，小A每天早上的第一件事就是准时打开卧室的窗帘，并催促主人起床。主人起床后，小A的工作也繁忙了起来，它首先要为主人准备好热水、提醒主人吃早餐，还要查询好今天的天气并提醒主人带伞，必要的时候还要帮主人叫一辆出租车。

主人出门后，小A开始指挥扫地机器人、除湿机等工具开展大扫除，并检查和关闭其他暂时不用的设备，等待主人回家。在主人下班前，小A会打开空调、加湿器和灯光，检查冰箱内的食品储备，并贴心地将主人喜欢的音乐和电视节目推送到音响和电视机上。

晚饭时，主人喜欢和小A聊聊天，他们会一起探讨最近上映的电影。小A还要向主人汇报最近的睡眠状况和饮食状况，并针对主人的情况提出改善饮食结构的建议，如果主人同意，小A就会在网上下单购买食材。

吃完晚饭后，小A会为主人播放他喜欢的电视节目，或者陪主人玩几局游戏，并为主人准备好洗澡水。当主人进入梦乡后，小A的工作还没有结束，因为它还要时刻留意门禁的开关，保护主人的安全。"

我想，这就是消费者心目中理想的智能家居。虽然，它距离"未来之屋"的智能水平还有一段距离，但看起来已经非常棒了，起码达到了智能家居最基本的要求。

按理说，按照如今的科技水平，实现这样的场景似乎也并不困难。然而，就是这些最基本的要求，如今的智能家居也很难实现。之所以会这样，说到底，还是因为目前的智能家居并不够智能。

6.2.2 5G，让智能家居真正"聪明"起来

那么，如何才能让智能家居变得"聪明"起来，实现真正的智能呢？

从本质上来说，智能家居是物联网数据的互联互通，用户可以通过可视化的家居环境信息来规划自己的生活，而智能家居则通过对人工智能的深度运用，为用户带来自动化生活的体验。

这也就意味着，只有在物联网的基础上，再加上AR、VR、人工智能以及传感技术的应用，才能最终形成高质量的智能家居体验。而这些技术的应用和普及，都离不开5G网络。

由此可以看出，只有5G才能真正让智能家居变得更"聪明"！

从目前的智能家居的发展现状不难看出，如今，我们的智能家居还无法做到独立的人机交互，而只能通过智能音箱来完成设备与设备之间的信息交换，比如我们可以通过小度智能音箱来控制空调、电视机、机顶盒、风扇，

但是却无法用语音直接指挥这些家电。

目前智能家居设备之间的互访协议通常是 TCP 协议（传输控制协议），而 TCP 协议的访问速度不仅比人的神经反应速度更慢，还需要触碰三次才能建立连接。这一切，也就导致了现阶段智能家居的信息传输速度非常慢，以至于我们常常会看到这样的场景：用户在指示智能音箱打开空调时，它的反应速度非常慢，还不如用户自己直接打开。

随着 5G 被应用到智能家居领域，其高速率、大容量、低时延特点可以让更多的智能家电设备互相关联，数据传输速度加快。

与此同时，在 5G 的作用下，设备与设备之间的信息传输，会变成设备与设备、设备与人之间的各方数据传输，而数据传输和交换的速率提升，又有利于提升整个系统的智慧化程度。换句话说，5G 可以加深设备之间的联系，让智能家居更加智能。

并且，在 5G 时代，云计算 AR、VR、人工智能、传感技术、情绪识别等高科技技术应用于智能家居也将变为现实。比如，用户可以通过 AR 智能设备控制智能家电，安装在家中各处的传感器可以收集用户数据，并反馈到人工智能系统，再由人工智能分析并得出结论。而情绪识别系统则可以根据用户的表情、动作识别用户情绪，感知用户情感，并给出反应。

这一切，也将对智能家居真正实现智能，起到至关重要的推动作用。

目前，尽管 5G 的商用才刚刚拉开帷幕，未来 5G 智能家居的路也还很长，但正如胡适先生曾说过的那样："怕什么真理无穷，进一寸有一寸的欢喜。"智能家居的任何一点进步，都令我们惊喜和期待。

毕竟，一切才刚刚开始，而开始，就意味着一个时代的到来。

6.3 智慧教育：情景式 + 交互式，让学习更有效

"百年大计，教育为本。"教育是一个关乎国计民生、民族生存发展的行业，它的重要性不言而喻。

随着科技的进步，教育行业也在不断发展和创新，1G 时代，九年义务制教育得到普及；2G 时代，多媒体教学开始推行，电子显示屏、投影仪出现在教室中；3G 时代，远程教育开始发展壮大；4G 时代，在线教育成为创业新蓝海。5G 到来之后，教育行业会产生哪些改变呢？5G 会怎样为教育行业赋能呢？

我认为，随着 5G 的到来，更多的高科技应用将被运用到教育教学中，教育行业将向着智慧教育的方向发展，过去的教育模式将受到彻底的冲击。5G 智慧教育将会为教育行业带来两个方面的变革，一方面它会让教学方式更多样化，另一方面它会解决一些教育行业中的痛点。

6.3.1 5G 让教学方式更多样化

对大多数学生来说，学习是一件非常枯燥的事情，但是在 5G 的赋能下，教学方式会变得更加多样化，学习也会因此而变得越来越有趣。比如，5G 的大带宽和低时延特征让 AR、VR 能够被运用到教学中。老师可以将 VR、AR 教学内容上传到云端，利用云端的计算能力对 VR、AR 内容进项渲染、展现和控制，然后再将 VR、AR 内容编码成视频流和音频流并通过 5G 网络传输到终端。学生就可以利用终端上的 VR、AR 内容体验沉浸式教学了。

VR、AR 带来的沉浸式教学可以让学习成为一种情景式的体验，这种教学方式可以充分调动学生的学习热情，将"要我学"变成"我要学"。但是

VR、AR教学的成本比较高，在初期并不会很快普及，高端培训机构或者有条件的实验学校会率先展开VR、AR授课，授课形式包括虚拟实验课、情景式科普课、虚拟创客等寓教于乐的方式。

在传统教学中，老师将知识呈现在黑板和PPT上，学生只能被动接受。而VR、AR教学则可以让知识变成栩栩如生的场景，学生可以在课堂上看到栩栩如生的恐龙，看到胎儿在母体中的发育过程，看到宇宙大爆炸的情景，所有抽象的或无法亲眼看见的内容都可以通过VR、AR展现出来。知识将变得美妙，科学将变得充满魅力。

此外，5G应用对线上教育的影响也十分深刻，未来的线上课程也会采用沉浸式教学，让教学互动性和参与性变得越来越强。未来，人们用手机就可以通过3D、AR互动的方式欣赏文物或展览，戴上VR眼镜就可以虚拟参观世界各地的历史名胜。而且，学生们的体验将不再局限于视觉，他们还可以通过听觉、嗅觉、味觉、触觉等感官去体验虚拟情景并进行互动。这样一来，知识就会在不知不觉间刻进学生的大脑。过去，这种学习方式是无法想象的，但5G对教育的赋能会让VR、AR教学变为现实。

而VR、AR教学的实践会深刻地改变现有的教学模式，一对一的填鸭式教学将转变成多对多的参与式教学，参与式教学的本质是知识的共享和灵感的碰撞。在参与式教学中，老师扮演的是启发者的角色，同学扮演的是合作伙伴的角色，更多的头脑风暴和创新火花将被激发。

教学方式和教学模式的变化不会在一天完成，而是逐步发生的。我相信，随着5G的普及和VR、AR技术在教育行业中的渗透，教学将会变成一件非常有趣的事！

6.3.2 5G 将解决教育的痛点

钱学森先生曾在一次讲话中对中国教育发出了灵魂拷问:"为什么我国缺少创新型人才呢?"钱老先生的疑问正是中国教育的一大痛点。很多有理想、有能力的教育工作者都想解决这个问题,关于教育的思考和改革也从来没有停止过。

5G 的到来将引起教育行业的深刻变革,或许它能够为广大教育工作者提供一些新思路和新方法,让中国教育的痛点早日得到解决。我认为,中国教育目前面临的主要痛点有三个,一是缺少创新型人才,二是教育资源分配不均,三是产学研(生产、教学、研究)信息不对等。

1. 痛点一:缺少创新型人才

要培养创新型人才,首先要有创新型的教育模式。前文中我们已经提到,5G 的到来会让教学方式越来越多样化,会把现有的填鸭式教育模式变成参与式教学模式。而参与式教学可以让学生充分发挥主观能动性,碰撞出更多的灵感火花。我相信,在这样的教育模式下,创新型人才缺乏的问题一定会得到改善。

2. 痛点二:教育资源分配不公

提起教育,大家都会想起另一个难以忽视的痛点,那就是教育资源分配不均。在生活中,我们常常看到很多家长拼命地送孩子去上各种培训班,大人疲于奔命,孩子同样苦不堪言。事实上,家长也想让孩子有一个轻松快乐的童年,但优质的教育资源是有限的,家长如果不想让孩子输在起跑线上,就不得不为孩子的学习不停"加码"。

教育资源分配不均的主要原因是地区经济差异,这是社会发展过程中必经的阶段，但是由此引发的教育公平问题已经成了我国教育界的头等难题。那么，5G到来以后，有没有可能通过高速率、低时延、大容量的网络来平衡教育资源呢？我觉得这是极有可能的。因为互联网的发展一次次打破了信息的鸿沟，移动互联网的发展更是带来了信息爆炸，人们可以通过手机了解地球另一端发生的事。而拥有更强大连接能力的5G网络，也必将为我国的教育公平问题提供一种可行的解决方案。

我希望，5G时代来临后，每个孩子都能接受优质的教育，经济落后地区的孩子能够和北上广的孩子上同样的课、学同样的书，享受同样的教育资源。我相信，这一天一定会到来。

3. 痛点三：产学研信息不对等

5G带来的万物互联，可以实现跨组织的信息共享、知识共享，解决产学研（生产、教学、研究）之间的信息不对等。过去，搞研究的不在乎市场，搞生产做市场的不看重基础研究，搞教学的与实践严重脱节，这种信息不对等现象是对资源的极大浪费。

5G时代到来以后，我们可以通过建立平台来打通产学研的数据，用数据来驱动教学、科研和科技成果转化，让产学研形成一个闭环，互相推动。可以想象，当产学研的通道打通以后，将会产生多么大的经济效益和社会效益。

"让每个人都有接受教育的机会，让每个人都学有所长。"这应该是每个教育工作者的追求，也应该是每个立志在5G智慧教育行业有所作为的创业者的追求。

第 6 章
智慧 5G，各行各业如何借 5G 风口转型

6.4 智慧物流：京东变身高科技公司

京东物流一直是物流行业的标杆企业，在 5G 时代到来之际，京东物流依然走在行业的前列，积极布局 5G 智慧物流，成为一家名副其实的高科技公司。

截止到 2019 年年底，京东物流已经在全国建设了 25 座亚洲一号智能仓和 70 多个机器人仓，以及数个分拣中心。京东的首个 5G 智能园区也已经在 2019 年的"双 11"期间投入使用。京东物流的每一个包裹背后，都包含了一个 5G 智慧物流链条，这个链条中应用了各种先进的科技，比如 AI、IOT 等技术和一些 5G 技术成果。

京东物流还与三大运营商（移动、联通、电信）签订了 5G 合作协议，这三大电信运营商将为京东物流提供智慧仓储、自动化物流运输、增强现实物流应用、智慧交通等 5G 解决方案，打造更多的智能物流园区。智能枢纽和智能仓储也是京东物流在 5G 时代的重点项目。

5G 时代到来之际，京东抓住产业互联的时机，积极转型，布局 5G 智慧物流，让自己逐渐变成了一家高科技公司。我相信，在 5G、人工智能、机器人、传感器等高科技技术的加持下，京东物流的"24 小时达"将深入到每一个城镇和乡村，物流行业也掀起一轮智能化转型。作为一名普通消费者，我十分期待智慧物流带来的便利！

说了这么多，智慧物流到底是什么呢？它又有什么样的特点和功能呢？

6.4.1 什么是智慧物流

智慧物流是依托于 5G 发展的，是互联网技术、信息通信技术和物流行业的有机融合。智慧物流应用了一系列高科技技术，可以使整个物流系统具有

智慧感知能力、规整能力和自动修复能力。下面,我们就来看看什么是真正的智慧物流。

1. 智慧物流的三大特点

目前,很多物流企业都提出了智慧物流的概念,但是有些"智慧"物流还达不到真正的智能化。在我看来,智慧物流应该具备以下三个特征。

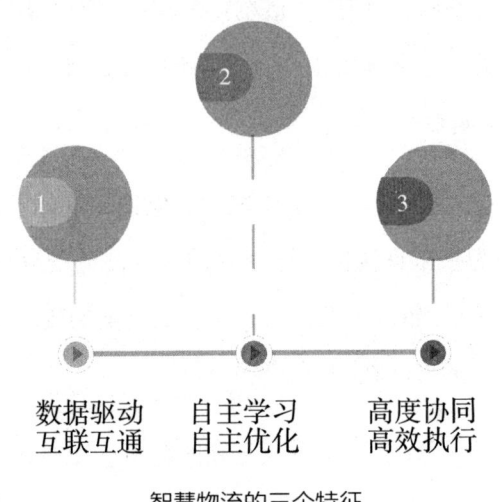

智慧物流的三个特征

(1)数据驱动,互联互通

智慧物流的所有环节都要实行数字化管理,并做到互联互通,物流信息可以实时呈现。物流系统的运转要以数据为驱动,切实有效地提升物流体系的运转效率。

(2)自主学习,自主优化

智慧物流系统具有自主学习的能力,还可以在不断的学习中实现自我优化,提高执行能力和决策能力。智慧物流系统的自主学习能力是依靠大数据

第6章
智慧5G,各行各业如何借5G风口转型

和人工智能实现的,它们共同组成了智慧物流系统的"大脑"。

(3) 高度协同,高效执行

当智慧物流在整个行业中普及以后,各个物流企业之间必须做到高度协同,用算法优化布局,将整个物流行业打造成一个整体系统。而系统中的各部分则分工协作,全面提升执行能力。

总而言之,智慧物流应该具备高度的自主学习能力,可以实现信息联动,能够有效提升物流体系的调度和协作水平,并实现行业整体布局。

2. 智慧物流的七大功能

基于以上的三大点,智慧物流应具备以下七大功能。

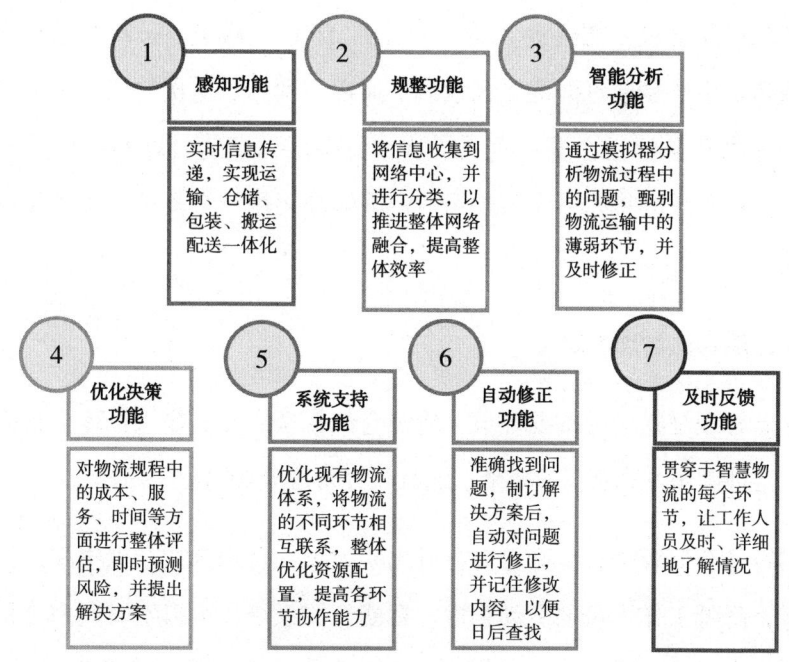

智慧物流的七大功能

智慧物流的七大功能可以进一步降低物流企业的运营成本，解放生产力，提升整个物流行业的效率。

6.4.2　5G 场景下的智慧物流

5G 时代的智慧物流会是什么样的呢？通过京东物流等企业的一系列创新，我们已经可以看出未来智慧物流的雏形。在 5G 时代，智慧物流的应用将全面覆盖到车联网、仓储管理、物流追踪、无人配送等场景中。下面，我一一介绍这些 5G 智慧物流场景，为大家勾画一个物流行业的未来图景。

1. 无人承运

无人承运是 5G 智慧物流的重要场景，目前已经有实验成功的案例，它距离实际应用已经不再遥远。2019 年 1 月 11 日，从中国长沙发往美国阿拉斯加国际电子产品展览会的无人承运快递顺利到达。这次的快递由百度自驾平台的无人车队运送，成功实现了从物流园区到高速公路和机场的无人运输。相信在不久的将来，无人承运一定能够被运用于更复杂的交通环境和地形环境。

2. 智能仓储管理系统

仓储管理是物流的重要环节，传统仓储管理需要工作人员逐个扫描每件货物，这种操作方式不仅效率低，而且很容易造成货物分类错误。

而智能仓储管理系统则可以提升出货效率，合理利用仓储空间，扩大仓储容量，降低工作人员的劳动强度。智能仓储系统还可以实时监控货物的进出，提高交货的效率。5G 的到来可以进一步提升智能仓储管理系统的效率，

第 6 章
智慧 5G，各行各业如何借 5G 风口转型

因为系统的数据处理能力会大大提升，物联网技术也能让仓储管理系统接入多个传感器，实时监控每件货物的去向，让仓储管理的智能化再一次升级。

3. 智能物流追踪

5G 可以应用于在途货物的动态追踪、运输检测和智能调度。比如，相关 5G 应用可以对车辆和货物进行实时定位跟踪，对货物的状态进行监控，对车辆的速度、轮胎胎压、油量、油耗等数据进行监测。这样一来，后台工作人员就可以根据货物和车辆的情况实时调整运输策略，保证货物安全、降低损耗以及节约运输成本。

英国最大的生鲜电商 Ocado 已经开始尝试应用智能物流追踪系统，Ocado 使用先进的奔驰冷藏卡车进行配送，使其订单的正确送达率达到 99%，其中 95% 的订单都能够在 24 小时之内准时甚至提前完成。

生鲜配送的关键问题在于配送途中的温度控制，Ocado 公司借助 5G 对配送车辆的车厢温度进行实时监测。温度监测是通过安装在车厢里的温度模块和通信模组来实现的。温度传感器每隔几分钟就会自动将数据传送给控制中心，再由控制中心发出指令对车厢温度进行远程调控，以减少生鲜货物的损耗。

4. 智能快递柜、配送机器人

除了为整个物流系统赋能，5G 还将助力智慧物流的"最后一公里"，智能快递柜和智能配送机器人将会发挥巨大的作用。

智能快递柜的原理比较简单，它可以借助射频、红外线和激光扫描等技术将每件快递都纳入物联网中，实时呈现快递信息。智能快递柜上还会有信息采集和信息识别系统，能够和数据中心协同完成短信提醒和身份识别工作。

2018 年年底，智能快递柜在我国一二线城市的普及率超过了 75%。预计到 2020 年，全国范围内智能快递柜的投放量将达到 80 万组。

配送机器人负责的工作则更加复杂，以京东的配送机器人为例，它不仅要以 15 公里的时速在非机动车道上行驶，还要自动避让行人和车辆，识别交通灯和较复杂的地形，才能经快递准确地送达目的地。在行驶过程中，无人配送车要向收货人发送信息，提醒对方收货。目前，京东无人配送车支持人脸识别、输入取货码和 App 确认三种取货方式。5G 到来以后，无人配送机器人会必定会得到普及，并深入到各大小区、学校、工厂和园区中，为人们提供最便利、最智能的快递服务。

5G 智慧物流的核心是科技，科技的进一步提升了物流的效率、保证了物流的安全，让这个不断成长的传统行业再一次实现升级和提速。

6.5 智慧城市：以人为本的新型城市来了

有一位作家是这样形容城市的："城市是一个庞大的有机体，它们会以复杂和迷人的方式生长、壮大和衰落。"这个巧妙的比喻说明了城市的庞大和复杂。一个城市的运营需要无数人力与物力的支撑，我们每个人都是城市这个有机体上的"小零件"，也参与着城市的运行和管理。

城市管理是一个历史悠久的课题，如今我们已经习以为常的市政管理系统是经过几十年、上百年才发展而来的，先进的城市排污系统更是到近代以后才出现在中国。直到今天，城市依然在不断地发展和完善，5G 时代全面来临以后，智慧城市也将来到我们身边。

第 6 章
智慧 5G，各行各业如何借 5G 风口转型

提起智慧城市，大家都不陌生，它是 5G 技术的最重要应用场景之一。智慧城市的基础是技术，5G 技术将是支撑智慧城市运转的必备要素，它将驱动物联网，将城市中的各个系统做到互联互通，实现智能化的城市管理。

6.5.1 什么是智慧城市

智慧城市到底是什么呢？我认为智慧城市就是把新一代信息技术运用于城市的各行各业中，以提升城市的管理和运营效率。那么，智慧城市的具体定义是什么呢？

1. 智慧城市的定义

关于智慧城市的定义，百度百科是这样写的：

> "新型智慧城市是以为民服务全程全时、城市治理高效有序、数据开放共融共享、经济发展绿色开源、网络空间安全清朗为主要目标，通过体系规划、信息主导、改革创新，推进新一代信息技术与城市现代化深度融合、迭代演进，实现国家与城市协调发展的新生态。其本质是全心全意为人民服务的具体措施与体现。"

从这个定义中，我们可以了解到智慧城市是信息技术与城市现代化的融合。在 5G 时代，物联网、边缘计算、AR、VR、人工智能等技术将进一步发展，智慧城市也将向着更加智能化的方向发展。

2. 智慧城市的架构

了解了智慧城市的定义，我们再来看看智慧城市的构架。智慧城市的构架可以分为三层，它们分别是：信息采集层、运作操控层、领导决策支持层。

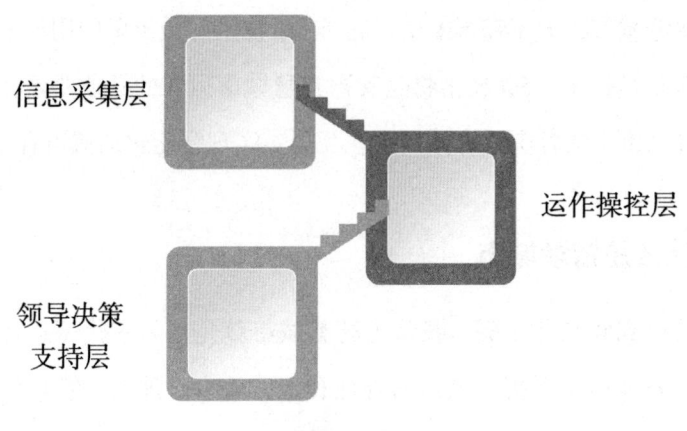

智慧城市的架构

（1）信息采集层

信息采集层的主要功能是利用视频监控、RFID 技术、各种传感技术，实时监测、采集抓取和识别城市的各项数据和事件。

（2）运作操控层

运作操控层的主要功能是对采集到的数据进行加工处理，然后按照工作流程进行建模编排、事件信息处理，自动选择应对措施，通知相关负责人、进行工作流程处理、历史信息保留及查询、网络设备监控等工作环节。

（3）领导决策支持层

领导决策支持层的功能是进行多部门仿真演习、信息查询与监控、工作流程进度可视化监控、历史数据分析、相关专家协同分析、城市管理流程优化等工作，并为城市的智能化管理和突发事件处理提供数据和经验支撑。

智慧城市的内涵十分丰富，包括基础设施建设、信息化应用，以及智慧政务、智慧产业、智慧民生等内容。智慧城市的建设是按顶层架构设计原理进行逐层建设的，参与智慧城市建设的企业也有很多，包括三大运营商、各种大型国有企业、研究机构等，它们能为智慧城市提供各种前沿技术。

从智慧城市的定义和架构中，我们可以看出，智慧城市是一个系统，需要多方面的配合才能真正建成。智慧城市的发展也需要多个要素共同作用，缺一不可。

6.5.2 智慧城市发展的五大要素

智慧城市的发展离不开以下五大要素。

1. 高速、低时延网络

高速率、低时延是 5G 网络的特征，而智慧城市建设的首要条件就是高速率、低时延的无线通信网络。可以说，5G 网络的出现给了智慧城市发展的契机。

2. 先进的防灾能源网络

智慧城市中，最重要的子系统就是安全可防灾的能源网络，如果没有它，智慧城市就是不完整的。没有一个 IT 工程师可以在没有不间断电源或备用电源的情况下，建立一个数据中心，也没有一个智慧城市能在没有安全防灾能源网络的情况下保持正常运转。

3. 安全隐私保障

安全隐私保障系统也是智慧城市的重要组成部分。近年来，视频监控系统、家庭看护摄像头被入侵的现象频发，人们需要更安全的监控系统。智慧城市系统在整合资源时，应找到更安全、高效的产品和解决方案，此外，访问协议和通信也需要高级的安全架构来防范恶意代理。

4. 第三方平台开发

分布式缓存计算出现以后，第三方平台的建立和开发也将被提上日程。当然，这里的第三方平台开发并不是简单地创建一个智慧城市 App，而是要先清楚地了解、确定哪些应用能够在真实环境中开放式应用。

5. 分布式计算

5G 时代，数据数量不断增加，虽然数据处理速度也大大提升，但在这种情况下，数据处理的难度也提升了，而城市管理者不可能把所有数据都发送到云端去处理，所以，我们需要建立一个具有本地处理资源的高价值节点，作为分布式网络中的分层参与者进行无缝运行。此外，市政基础设施也必须融合成一个完善的分布式处理架构，成为一个个有丰富连接、可扩展的生活系统。

城市是诞生奇迹之所，智慧城市必将带给我们更多的关于美好生活的想象，并且这种想象终有一天会成为现实。

【热点问答】

5G 赋能 OT，哪些行业能先尝到甜头

2013 年，通用公司提出了工业互联网的概念，随后西方工业界曾出现过一个十分有趣的现象：企业的 IT 部门（信息技术部门）和 OT 部门（运营部门）相互打架，争论企业的竞争力到底是 IT 还是 OT。

第 6 章
智慧 5G，各行各业如何借 5G 风口转型

在当今中国，政策的制定者依然被同样的问题困扰。为此，我国提出了"工业化和信息化两化融合"的策略，随着 5G 的到来，"两化融合"变成了"两化深度融合"。

为了弄清楚两化是如何融合的，我们必须先了解 OT 与 IT 的含义。IT 是信息技术，OT 是 Operational Technology 的缩写，可以理解为运营技术。可能 OT 还有别的缩写的意思，但是如果 OT、IT、CT 这三个词一起出现的话，它指的就是运营技术或操作技术，工人操作一台机床是 OT，运营一条生产线也是 OT，运营一个工厂也是 OT。

OT 的目的是提升生产效率。不同的工厂之间的效率水平会有很大的差别。在 IT 出现之前，企业核心竞争力就是 OT 技术。OT 是企业的秘籍，比如说专项技能窍门、特有的管理方法等。在德国、日本等制造业强国，OT 是企业的生存之本。日本企业提出的即时生产、看板管理等，德国企业提出的柔性制造系统等，都属于 OT 技术。

随着，IT 技术和互联网的发展，OT 和 IT 的融合已经是大势所趋。早在十几年前，罗克韦尔自动化公司就提出了集成架构的理念；五年前，它又提出了互联网企业的概念，这两个概念的核心就是 OT 和 IT 的融合。

从广义上看，IT 是为 OT 服务的，有了 IT 平台和软件技术，OT 提供的工厂大数据可以帮助企业更快、更好地获得智慧，使企业的经验直觉变成知识，这对企业的发展是十分重要的。而 5G 等 IT 技术则是对 OT 的赋能，是提高 OT 效能的倍增器。OT 与 IT 的日

益融合已经成为西方发达国家工业发展的主流。

在 5G 到来之际，我们把 OT 与 IT 融合形成的工业互联网叫作 ALOT，它重点针对拥有高端装备的制造业和用户，可以通过工业互联网平台对实时采集的各种运行数据进行建模、可视化分析、仿真和预测，使这些装备能够节能、高效地运行，避免非计划性停机造成可能的故障，从而防患于未然，提高价值设备运行的效率。不过，其中有很多环节都需要 5G 等 IT 技术进行赋能。

如果我们把传统制造业比喻成为一个有视力障碍的人，那么 5G 就是一副让盲人重见光明的眼镜，它不能替代人，但是可以为人赋能。相比传统的 OT 技术，被 5G 赋能后的工业互联网平台，可以实现以下功能。

第一，从互联网接入点有效采集更多、更高速的复杂的机器数据。

第二，整合以往孤立的数据源，包括企业的合作伙伴的数据，让数据访问更加便捷。

第三，通过对数据进行专业分析，提高企业对各类高价值设备的分析和监控能力。

那么，5G 赋能 OT 后，哪些行业能够最先尝到甜头呢？我认为，以下三类行业是非常值得关注的。

第一类是制造业和自然资源相关行业，比如汽车、非耐用消费品、能源、采掘及加工、重工业、IT 硬件、生命科学保健产品、自然资源和材料等。

第 6 章
智慧 5G，各行各业如何借 5G 风口转型

第二类是运输业，比如航空运输、汽车运输、管道、铁路、水运、仓储、快运和支撑服务等。

第三类是公共事业，比如燃气、水电等。

以 5G 为代表的 IT 技术赋能 OT 以后，各行各业都会迎来新的改变，生产效率将得到提升，企业管理和运营水平会大大提升，很多行业也将迎来一波发展机遇。

第 7 章

5G 来临,自媒体大神们该如何布局

5G 时代的媒体玩法更多样,形式更丰富。最重要的是,5G 带来的去中心化,让人人都能成为自媒体。5G 的高速率和低时延特点,会让视频类自媒体逐渐成为主流,短视频和 Vlog 都是 5G 时代的新风口。

7.1 5G时代，人人都是自媒体

2018年年底，一条新闻引起了很多媒体朋友的注意："中央广播电视总台与中国电信、中国移动、中国联通及华为在北京共同签署了合作建设5G新媒体平台框架协议。"这条新闻的潜台词是：央视将大力发展以5G技术为核心的传播平台。

从央视的大动作中，我们完全可以预测，5G将对传统媒体造成重大冲击。自媒体从4G时代开始蓬勃发展，5G的高速率、大容量会让自媒体再次迎来井喷式发展，其中，视频自媒体将会成为传统媒体最大的对手。

对于那些想进入自媒体行业的人来说，5G时代的到来也为他们提供了新的契机。因为，5G网络让已经趋于饱和的自媒体行业有了新的发展空间，人人都有机会成为自媒体人。

7.1.1 5G时代，每个人都能成为自媒体

4G移动互联网让自媒体迅速崛起，到了5G时代，自媒体将进一步发展，

并延续其碎片化、去中心化的特点。5G 时代的终端性能和网速将大幅提升，自媒体内容的传播将更加迅速，自媒体内容的制作也将更加简单，自媒体的互动性和娱乐性更强。因此，我预测 5G 会带来自媒体的大爆发。

5G 的普及意味着我们可以用手机轻松观看 4K 高清长视频，短视频的清晰度也会大幅度提高。视频质量的提升，可以进一步放大自媒体的优势。AR、VR 技术的发展，会让自媒体的内容更加丰富和精彩。试想一下，每天刷一刷 AR 短视频是不是一件很惬意的事呢？不过，由于 VR 是 360 度全景展示，这也对视频制作提出了更高的要求。

5G 时代的无人驾驶技术也会从侧面推动自媒体的发展，当人们的双手从方向盘上解放出来以后，双眼也不用再仅仅盯着马路了，是不是可以看一看自媒体视频、读一读自媒体文章了呢？

我认为 5G 将是自媒体全面爆发的时代，如果你对自媒体感兴趣，就一定要抓住机会，从现在开始准备，让自己成为 5G 自媒体时代最亮的那颗"星"。

7.1.2　5G 时代，自媒体行业将重新洗牌

5G 时代到来以后，人人都可以成为自媒体，而自媒体行业也将面临重新洗牌。5G 时代的自媒体行业将发生以下几大变化。

1. 从大众化到垂直化

过去的自媒体是大众化的，大家爱看什么，自媒体人就做什么。但是，进入 5G 时代以后，自媒体会向垂直化方向发展。未来，自媒体人应该站在目标用户的角度上，从用户习惯、用户心理、用户行为等层面深入分析，以发现消费者的特点和偏好。并以此为基础，为用户提供精准服务和增值服务。

比如，我的目标用户喜欢美食，我就要专注美食方面的内容；我的目标用户喜欢关注前沿科技，我就要专注于科技类的内容。

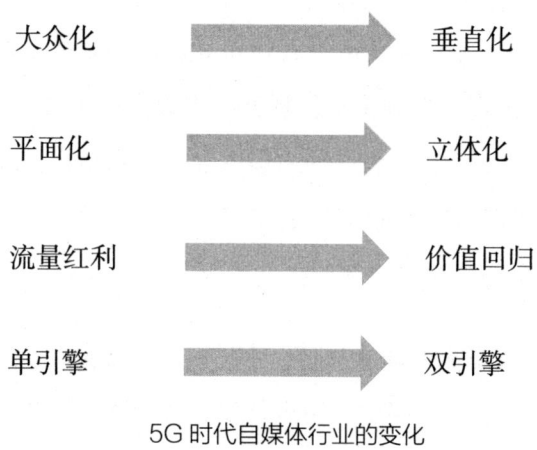

5G 时代自媒体行业的变化

以前那种大而全的模式很难再引起消费者的兴趣，小而美才是未来自媒体的发展趋势，"专注、专业、专门"将会成为未来自媒体行业写照。

2. 从平面化到立体化

5G 具有高速率、大带宽的特点，在 5G 网络普及以后，人们在看视频、听音频时将不必再担心网速不够，高清视频的播放也将变得更流畅。因此，视频、音频类自媒体会变成主力军。因此，5G 时代的自媒体人不仅要会写，还有会说、会唱、会演、会拍。直播内容也会迎来另一波高峰期，5G 时代的直播形式会更加多种多样，直播 + 体育、直播 + 电商、直播 + 新闻等等形式，都有可能成为 5G 时代的主流直播形式。

5G 时代，自媒体将从平面变为立体，也就是说，以图文内容为主的平面化内容，将变为以视频、音频为主的立体化内容。自媒体人应该为这样的转变做好准备。

3. 红利消退，价值回归

5G 时代的自媒体将迎来价值回归，随着人口红利的消退，自媒体很难再依靠"跑马圈地"式的粗暴扩张来获得用户。内容的价值将重新回归，用户对优质内容的需求会越来越强烈。所以，自媒体人必须要平衡内容、流量、商业之间的关系，在寻求变现的同时注重内容的价值。

4. 从单引擎变为双引擎

过去，人们是怎样找到自己喜欢的自媒体内容呢？主动搜索是最主要的途径，这种模式被称为单引擎模式。进入 5G 时代以后，物联网和人工智能的发展将会彻底改变人们的搜索方式。未来，人们在搜索信息时，将会采取"主动搜索 + 智能搜索"的双引擎模式。

目前，各大自媒体平台都有自己的智能推荐和智能匹配机制，但是这种智能推荐还不够精准，有时候用户对平台推荐的内容并不感兴趣。不过，5G 的应用会让自媒体平台的智能推荐更加精准。

上述这些变化趋势都在向自媒体人释放一个信息：未来的自媒体人必须具有一专多能的综合能力，既要具备制作内容的能力，还要具备推广营销、数据分析的能力。只有这样，才能在 5G 时代的自媒体大军中拥有一席之地。

7.2 定义潮流：从 Blog 到 Vlog，玩法变了

十几年前，最潮的文艺青年都写 Blog；十几年后的今天，最潮的人都在

拍Vlog。从Blog到Vlog，这是潮流的变化，也是自媒体的发展之路。

Blog又叫作博客或网络日志，是指在网络上发表的个人文章或图片内容，博客在2000年进入中国，几年后各大门户网站都进入了博客江湖、新浪博客、搜狐博客、中国博客网、腾讯博客、博客中国等平台之间的竞争激烈不亚于今天的电商大战。

对"80后"来说，没写过博客的青春是不完整的，在2005年左右，写博客是一件最时髦、最文艺的事。阅读名人、大咖的博客文章也是每天必做的功课。当年的博客，火爆程度不亚于今天的微博和朋友圈。但是，"两微一抖"崛起后，属于博客的时代就落下了帷幕。

另一个舶来品Vlog逐渐走入人们的视线，成为下一个风口。Vlog是一个合成词，由Video blog缩写而成，意思是视频日记。在2019年之前，Vlog并不是一个大众化的词，首先，它的读音就难倒了很多对英文不熟悉的人，其次，它的拍摄和剪辑难度要远高于短视频，因此很多人对Vlog望而却步。但是，Vlog在YouTube等国外平台的风靡，引起了很多国内互联网公司的注意，国内的网红和视频达人们也开始试水。

从2018年开始，很多视频平台都开始布局Vlog，微博、B站、西瓜视频等平台都有了自己的Vlog频道，并开始着手培养自己的内容生产者。短视频平台抖音也推出了"Vlog10亿流量扶持计划"。很多业界人士认为："Vlog是视频内容里唯一还没有深度开发的形态，极有可能引领下一波内容浪潮。"

在大带宽的5G网络时代，Vlog也许会成为人们娱乐和表达的首选方式，Vlog将脱掉"精英""高端"的外衣，离大众越来越近。

7.2.1 从精英到大众，Vlog 的"下凡"之路

Vlog 的源头，可以追溯到 2006 年，当时有家意大利公司推出了一个叫作"my video blog"的移动视频播客服务，这就是 Vlog 的雏形。在那时，能用上"my video blog"的都是位于流行文化金字塔顶端的潮人。拍视频博客也被认为是一种时髦的、有品位的行为。

2012 年，第一条真正意义上的 Vlog 在 Youtube 上诞生，这时 Vlog 依然是精致、时尚、个性、技术流的代名词。Vlog 刚刚进入我国时，也充满了精英色彩，当时国内有一批比较有名的 Vlogger（Vlog 拍摄者），比如冬瓜、cbvivi、井越、飞猪等。无一例外地，这批 Vlogger 都有媒体、广告行业的从业背景，其中不少人都有海外留学的经历。他们的 Vlog，或多或少都带有自己的审美趣味，并流露出一股"精英范儿"。而且，他们的粉丝群体比较小众而固定，没有获得大范围的曝光。

事实上，在 2019 年之前，Vlog 都被认为是一种小众文化。

不过，移动互联网和智能手机的发展，让视频拍摄变得更简单，人人都可参与的"拍客文化"也慢慢普及，人们拍摄视频的热情和兴趣空前高涨。2017 年，短视频开始引爆市场，并在经过一段爆发式的发展后逐渐走向成熟。目前，短视频和传统长视频的玩法已经固定，内容运营也从粗放走向了精细。在这种背景下，已经在小众市场上取得了成功的 Vlog，就顺理成章地走进了人们的视野，并被业界看成下一个可以突破圈层的增长点。

Vlog 作为视频日记，可以表现很多类型的内容。比如，上班路上可以拍，去商场购物可以拍，去上课可以拍，去旅行可以拍，拆包裹也可以拍。Vlog 的题材十分丰富，各种拍摄设备的出现，也让 Vlog 的拍摄难度降低。因此，

有越来越多的人开始尝试拍摄自己的 Vlog。据我观察，很多平台上都已经形成了自己的 Vlog 生态，而且 Vlogger 们拍摄的内容也十分接地气。

内容丰富多彩的旅行 Vlog（图片来源：VUE Vlog）

小徐老家在湖南，她和丈夫一起在深圳打工，她每天都会拍摄自己上下班的情景，用 Vlog 记录自己平凡的生活；小章是北京大学的一位研究生，她喜欢用 5 分钟的 Vlog 来记录和分享自己的生活；在上海生活的程序员小刘也通过 Vlog 分享自己工作上的事。

越来越多的普通人开始拍摄自己的 Vlog，这说明 Vlog 已经从精英化走向了大众化。追捧 Vlog 的粉丝也从内容的消费者变成了内容的生产者。

7.2.2 Vlog 是 5G 时代的蓝海市场

按照目前的发展势头来看，5G 商用时代，Vlog 将会成为新的蓝海市场。

第 7 章
5G 来临，自媒体大神们该如何布局

首先，5G 可以在技术上弥补现有的不足，比如拍摄软件、成像效果和上传速度会大幅度提升，Vlog 视频的创作门槛也将进一步降低。其次，5G 可以支持高清画面的流畅播放和切换，观看 Vlog 视频的粉丝会获得更好的体验。

有了 5G 的赋能，各大平台对 Vlog 的扶持力度会更大。Vlog 的内容也将不再只是泛娱乐化的内容，而是会更加多样化。我相信，未来 Vlog 一定会在各个行业、各个场景中被广泛应用。

作为供给侧的各大视频平台，也看到了 Vlog 在 5G 时代的巨大潜力。因此，前段时间抖音宣布向全平台用户开放 1 分钟视频的权限，并推出 Vlog10 亿流量扶持计划，目的就是鼓励普通用户进行 Vlog 内容创作。西瓜视频也上线了手机端发文功能，开设 Vlog 学院，将 Vlog 纳入了"万花筒计划"，给 Vlog 创作者更高的分成和更多的流量倾斜，以激励内容创作者们创作出更多优质的 Vlog 内容。

微博、B 站等平台也纷纷发起"30 天 Vlog""一分钟创作"等挑战，推动平台上现有的博主或 Up 主加入 Vlog 大军，以进一步扩大 Vlog 的影响力。

我们可以把商业市场进行分层，比如上层市场、中层市场和底层市场。Vlog 目前已经在上层市场上的垂直领域获得了成功，并且有逐步下沉的趋势。因此，未来各大视频平台都将尝试各种不同的方法，来让 Vlog 进一步深入到中层市场和底层市场。短视频已经成功下沉到了乡镇和农村市场，Vlog 也将成功获得这片广阔的下沉市场。

在 5G 时代，Vlog 仍然是一片蓝海市场，在自媒体的浪潮中，Vlog 会是新的佼佼者。未来，哪个平台会独占鳌头，成为最火爆 Vlog 平台呢？我们拭目以待。

7.3　5G时代自媒体运营两大核心基础

随着5G时代的到来，自媒体行业必将发生翻天覆地的变化，其中最直观的变化必定是传播速度变快。我们都知道，内容是自媒体的核心，但是内容需要传播，否则就会失去意义。

在4G时代，自媒体人更侧重于内容的生产和分发，到了5G时代，自媒体运营的重点将发生变化。我认为，5G时代自媒体的运营有两大核心，一是定向生产内容，二是智能化传播。

7.3.1　定向生产内容

内容生产我们都很熟悉，就是自媒体内容创作的过程。那么，定向生产内容又是什么意思呢？顾名思义，就是创作有方向、有目的内容。过去，自媒体内容的生产是随意的、缺乏目标导向的，什么红就做什么，有什么热点就蹭什么。而定向生产内容，就是要打破这种局面，让自媒体内容更加专业化、垂直化，也更有针对性。

那么，自媒体人应该如何定向生产内容呢？我认为，应该从"痛点、尖叫点、爆点"这三个点入手。

1. 找到痛点

创作自媒体内容时，首先应该找到痛点，痛点就是那些粉丝极为关心又亟待解决的问题。找痛点的方法有很多，比如数据分析、问卷调查、阅读行业报告和白皮书等。网络上有很多这样的数据和报表，还有百度指数、微博指数这样的数据平台，我们可以从中挖掘出相关行业的痛点。

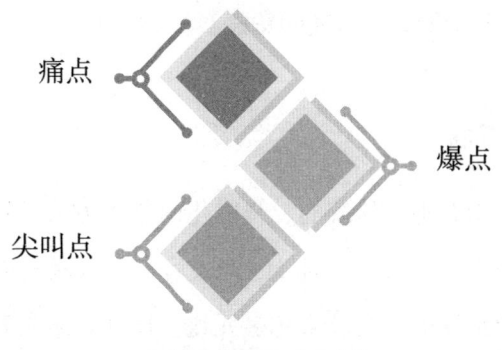

自媒体内容的"三点"

无论自媒体内容是关于哪个领域的,都要有痛点作为支撑,只有展示了痛点,内容才能吸引住目标用户群体。

2. 找到尖叫点

尖叫点其实是一种产品设计思维,它是指产品上那些能令用户尖叫的特点和优势。在自媒体内容创作上,尖叫点就是那些能引起用户强烈共鸣、能令粉丝尖叫的点。

怎样才能找到尖叫点呢?我的建议是尽量避开网上的"陈词滥调",用自己的独到眼光和独特视角去分析问题,发表独立的见解。同时,自媒体人要学会站在粉丝的角度去思考问题,时常提醒自己:粉丝想看的内容是什么。

在信息过剩的互联网时代,找到令人兴奋的尖叫点并不容易,所以自媒体人要尽量挖掘粉丝感兴趣的内容。

3. 分析爆点

爆点的真正作用是吸引核心粉丝群体,引起他们的共鸣,再通过他们的扩散和传播,引起更多的关注。所以,自媒体人在寻找爆点时,要充分调动粉丝的参与感，挑起他们分享传播的意愿。

7.3.2 智能化传播

智能化传播是指有别于传统的、智能化的传播方式。目前的自媒体内容通过手机、平板和电脑来传播。而 5G 到来后，物联网与人工智能会逐渐普及，自媒体内容的传播方式会越来越多元化。比如，未来我们可以在冰箱上阅读文章，在镜子上观看视频，任何一件智慧家居设备，都可以把内容及时呈现出来。智能化传播的特点有以下四个。

1. 全时空

5G 技术成熟以后，信息传播将变得无时不在、无处不在，可以打破时间与空间的限制，因此，未来的智能化传播具有全时空的特点。

在 5G 及其应用得到普及以后，自媒体人在任何时间节点、任何空间都可以进行内容传播，这将极大地提高信息传播的效率，创造出新的价值。

2. 全现实

在 5G 技术及相关应用普及之后，人类将实现虚拟与现实连接。超高视频、VR、AR、MR（混合现实）等全息沉浸式交互技术的应用，可以将人与虚拟世界完全对接，让现实世界与虚拟世界的界限基本消除，甚至完全融合。因此，未来的信息传播具有全现实的特征。

3. 全连接

5G 时代，大数据、云计算、物联网、区块链、人工智能等技术会逐渐成熟，并实现人与人、人与物、物与物的连接。在万物互联的背景下，信息传播的所有过程、节点都可以相互连接。因此，未来信息和数据可以以最短途、最高效的方式进行交互和传播，并且所有的传播节点都可以分享信息。

4. 全媒体

万物互联意味着万物都可以成为信息传播的媒介，媒体的外延将被无限扩大。物联网中的任何一个连接节点，无论是人还是物，都可以成为传播信息和释放信息的媒介。因此，5G 时代的信息传播具有全媒体特征。

全媒体传播意味着信息可以在任意时间和空间条件下，通过任意媒介到达需要到达的任意节点，实现传播效果的最大化。

基于智能化传播的四大特点，未来的自媒体将进一步去中心化，而且传播速度会更快，内容的审核和推送都可以在几秒钟之内完成，自媒体运营的效率将进一步得到提升。

7.4 5G 时代，打造个人 IP 是关键

回顾一下自媒体的演变历史，2G 时代我们看到的是文本，3G 时代我们看到的是图片，4G 时代我们看到的是视频。在 5G 时代，我们会看到什么样的新内容呢？我和大家一样期待！

自媒体的阵地也发生了不小的变化，从论坛社区、门户网站，再到社交媒体和各种 App。4G 时代，移动互联网高速发展，自媒体也迎来了一个高峰期，很多人抓住了这波红利，成为新一代的"大 V"。

4G 到 5G 的转变过程，对自媒体人来说也是一个新的机遇，因为 5G 的

高速率、低时延和大容量特征可以让很多过去无法实现的想法和点子成为现实，自媒体内容会再一次发生新的变化。这对普通人来说是一次绝佳的"逆袭"机会。那么，我们应该怎样抓住这个转化期间的机遇，吃到5G时代的自媒体红利呢？答案就是打造IP。

7.4.1 为什么要打造IP

从自媒体运营的角度来看，打造个人IP有什么好处呢？我认为，一个响亮的个人IP对自媒体人来说有以下五大优势。

1. 吸引流量

拥有IP的最明显优势就是吸引流量，说白了就是有名气的人，会受到更多关注。很多我们所熟悉的娱乐圈"流量小花"和"流量小生"，还有网红博主、微博大咖都是自带流量的个人IP。

但是，IP不是明星和名人的专属，普通人也可以打造自己的IP，在特定的人群中拥有一定的知名度和影响力。在自媒体时代，再小的个体也要有自己的IP。有了IP，用户才能在成千上万个自媒体中一眼看到你。

2. 获取信任

任何商业行为都要建立在信任的基础上，以变现为目的的自媒体运营也一样。对自媒体人来说，建立信任的最佳方式就是打造IP和品牌价值。比起冷冰冰的广告，用户更愿意信任一个活生生的、与自己价值观相符的人，这就是个人IP的魅力。

3. 快速变现

当信任问题解决以后，变现就会水到渠成。一个成功的个人IP可以帮助自媒体人节省很多沟通成本和信任成本，实现更直接、快速的变现。通过 IP 营销，我们可以获得一批高质量、高黏性的粉丝，这些粉丝转化起来也相对简单。总之，有了信任和知名度，带货更加容易。

4. 提高价值

为什么苹果的产品价格一再上涨，却依然有一批忠实而狂热的"果粉"愿意排队购买呢？这是因为苹果的品牌价值很高，而且粉丝认同它的价值。这个道理放在 IP 上面也是一样，如果你的 IP 打造得足够成功，那么你的个人品牌价值就会提升。比如，我们都很熟悉的"口红一哥"李佳琦，很多知名美妆品牌都愿意找他背书，就是因为"李佳琦"这个 IP 具有非常高的价值，只要有了他的推荐，产品就能够卖到脱销。

5. 提升社会影响力

如果自媒体人能打造出个人 IP，并持续产出有价值的内容，输出自己的价值观，那么就会形成一定的社会影响力，成为某个领域内的 KOL（意见领袖）。

自媒体人都可以通过写作、制作短视频、直播、演讲等方式打造个人 IP。在 5G 时代，IP 是自媒体领域的制胜法宝。

7.4.2 什么是有价值的 IP

那么，什么样的 IP 才具有商业价值呢？在我看来，具有下面这五大特征的 IP 才是有价值的 IP。

1. 内容主动发酵

超级 IP 有一个显著的特征，就是有主动发酵的内容做支撑。像哆啦 A 梦、布朗熊、美少女战士、高达这些耳熟能详的超级 IP，都是靠着优质的内容在江湖上"经久不衰"。

相反，如果没有主动发酵的内容，就没办法激发起客户的好奇心，客户就不会那么心甘情愿地去为你买单。

2. 差异化

在定位理论中，差异化的意思是在细分领域占据客户心智。什么意思呢？打个比方，当问到美国动漫，你可能首先想到的就是蜘蛛侠和钢铁侠；当问到国内相亲节目，你可能首先想到的就是《非诚勿扰》；当问到新闻节目，你脑海里可能第一个蹦出的就是《新闻联播》。其实这就是差异化。正是这种独一无二的差异化特征，才使这个 IP 得到客户和粉丝的钟爱。

未来，这种差异化会更加明显，也越来越重要。

3. 衍生空间广阔

超级 IP 要想持续走红，必须有广阔的衍生空间。举个例子，《美人鱼》和《星球大战》同步上映的时候，前者的票房有 34 亿，后者却只有 7 亿。从票房上来看，好像《美人鱼》更胜一筹。但是就 IP 价值而言，《星球大战》的可衍生性远超《美人鱼》。毕竟《星球大战》前 6 部不是白拍的，那一系列的小说、玩具、纪念品，分分钟秒杀《美人鱼》。

这个例子告诉我们，如果主动发酵是 1 的话，那么可以持续被创作、价值翻倍的 IP 就是 1 之后的 0。

4. 主动关注

《名侦探柯南》从 1996 年推出到现在，一直在不断地更新；《七龙珠》从开播到现在，也依然没有断档；那些满载着"80后""90后"独特记忆的施瓦辛格、周星驰、刘德华，一直在粉丝心中有着不可磨灭的印象。就算是刘德华的演唱会再也听不到他歌唱，粉丝们也愿意买一张票陪着华仔一起痛哭流涕。

出现这种现象不是偶然的，是粉丝对IP产生了割舍不开的感情，心甘情愿为他付出，这就是我们说的"主动关注"。

5. 信用值

IP在重新建立信任关系的社交链条上处于中枢神经的位置，地位举足轻重。如果一个企业的IP成了他人口中的谈资，那这个企业就从单纯的客户思想中脱离开了，演变成了一个真正可以分享的话题，更有甚者成了一种表达个人感情的方式。

IP有很多，但真正有价值的却不多。只有具备商业价值的IP才能实现流量变现，这已为无数实例所证明。

7.4.3 如何打造个人IP

一般来说，打造个IP要经过内容定位、内容生产和推广变现三个步骤。前面我提到过，5G时代短视频将是一个巨大的风口，自媒体内容也将以短视频为主。接下来，我就以短视频为例，谈一谈如何打造个人IP。

1. 做好内容定位

我们要找到自己擅长的领域，并做好垂直化的内容定位。抖音上的"一禅小和尚"就是一个顶级的个人IP，他的内容定位十分清晰，就是通过动漫短视频来分享正能量的人生感悟。

我们做个人IP的第一步就是从找准内容定位开始的,因为内容定位关系着IP能否持续发展,能否存活。

2. 生产优质内容

做好内容是打造个人IP的基础,没有优质的内容,就无法吸引粉丝,IP也就无法形成。

拍段视频入门很简单,但是想要把视频拍得好看,还要下很多功夫。拍摄技巧、后期剪辑技巧、故事设计、场景选择等环节都需要我们去学习和练习。

3. 推广和变现

只要我们内容足够优秀,就能获得流量,因为任何短视频平台都会优先推荐优质的作品。有了一定的流量以后,短视频推广和变现就会变得非常容易,届时我们要做的就是精选合作的品牌和产品即可。

打造个人IP可以让客户和广告主主动找上门,我们要做的只是从中筛选出与自己内容相符的、与自己IP相匹配的产品或品牌即可。我们还可以利用自己的IP推出一批衍生产品。利用短视频打造个人IP是一个非常好的变现手段,我们一定要抓住机会。短视频平台有很多,我们可以选择一个适合自己的平台扎根下来,建立自己的个人IP。

5G时代,自媒体行业将持续向前、大步跨越,会有更广阔的前景,我们应该抓住机会建立个人IP,然后坐收红利。

7.5 5G 时代如何玩转抖音短视频

2017 年被称为短视频元年，2018 年短视频持续发酵，抖音成为其中最大的一匹黑马。只用了不到两年时间，抖音用户就突破了 5 亿。可以说，每分每秒都有新用户进驻抖音平台，其中有很多人借助抖音实现了自己的网红梦、电商梦。我们有理由相信，抖音短视频将在 5G 时代续写它的辉煌。

5G 时代到来后，短视频会成为一个重要的风口，视频的形式会更加多种多样，短视频创业者应该抓住这个风口，利用抖音平台做好自己的抖音短视频变现。那么，在 5G 时代应该做好抖音短视频运营呢？

7.5.1 5G 时代，抖音仍然以内容为王

抖音是一个内容为王的世界，没有优质内容，一切都是空谈。这一点在 5G 时代依然会继续延续下去，粉丝只会为优质的内容买单，没有优质内容，就算你颜值再高，再会营销，粉丝也不会买账。

抖音上有很多高颜值的美女和帅哥，他们凭借着优越的外形条件房获了一大批粉丝，但也有一个人，连脸都没有露过，却赢得 1.5 亿赞和 2400 多万粉丝，他就是"黑脸 V"。不靠颜值依然能够大红，"黑脸 V"的成功秘诀是什么呢？答案就是内容。

"黑脸 V"从出现在抖音平台开始，就坚持不露脸，而是靠着出色的内容脱颖而出。"黑脸 V"的视频被粉丝们称为"技术流"，因为他很喜欢在视频中运用各种视觉特效，比如用筷子夹汽车，把足球变成狗，把千纸鹤变成真正的鸟儿或者让人瞬间移动等。这些有趣而且创意十足的视频，让粉丝欲罢不能。

"黑脸 V"抖音主页

"黑脸 V"的成功说明了内容的重要性，他的成功生动地诠释了"内容为王"这四个字。"内容为王"这四个字的字面意思很好理解，但是它的深刻内涵却很少有人能真正明白。那么，到底什么是真正的"内容为王"呢？我认为"内容为王"的核心是"原创"和"垂直"。

在 5G 时代的抖音平台上，只有优质的原创内容才能生存，只有坚持做原创的账号才能生存。优质内容必须是垂直化、专业化的，只有立足于垂直领域，用心服务目标粉丝群体，才能在抖音平台上获得一席之地。

垂直化还意味着有调性，调性就是格调、风格，我们做抖音号必须要有自己的风格，因为风格是一个明显的标签，它能让粉丝在多如牛毛的抖音账号中一眼看到，并且能很快知道我们的账号是做什么内容的。

不过，如果想要走得更远，只有一两个爆款视频是远远不够的，爆款视频可以帮我们打开知名度，只有持续生产优质内容才能支撑我们持续涨粉，保持知名度。所以，我们必须保证内容生产的持续性和稳定性。

能创作出优质内容的抖音达人，才具备真正的商业价值。因此，我们在运营抖音账号时，也要把内容作为核心重点。不过，打磨优质内容是一个长期的过程，不可能一蹴而就，我们不应该急功近利，看到什么火就做什么。而是要制订一个长期的规划方案，并坚持去执行。

7.5.2 满足粉丝需求

满足粉丝需求是运营抖音号的根本，因为粉丝的需求是内容的生命。这个道理看似很简单，但是很多人却没有真正弄清楚粉丝的需求到底是什么，始终不知道粉丝真正想看的是什么。粉丝想看优质有深度的内容，他们却一味迎合潮流，拍一些恶搞视频；粉丝想看高质量的干货，他们却只知道搬运和照抄。殊不知，这样的视频市面上已经有太多，粉丝已经产生了审美疲劳。这种盲目迎合潮流、照搬照抄的视频，根本没有办法真正地满足粉丝的需求。

那么，真正满足粉丝需求的抖音视频是什么呢？我们先来看一个案例。

抖音上有一个账号叫作"趣味生活杂谈"，这个账号深受家庭主妇群体的喜爱，因为它发布的视频都是有关生活和家务的内容，会教给粉丝一些高效处理家务的技巧，能解决她们在做家务时遇到的各种难题，比如快速去鱼鳞的方法、剥虾的技巧和缝补衣服的技巧等。

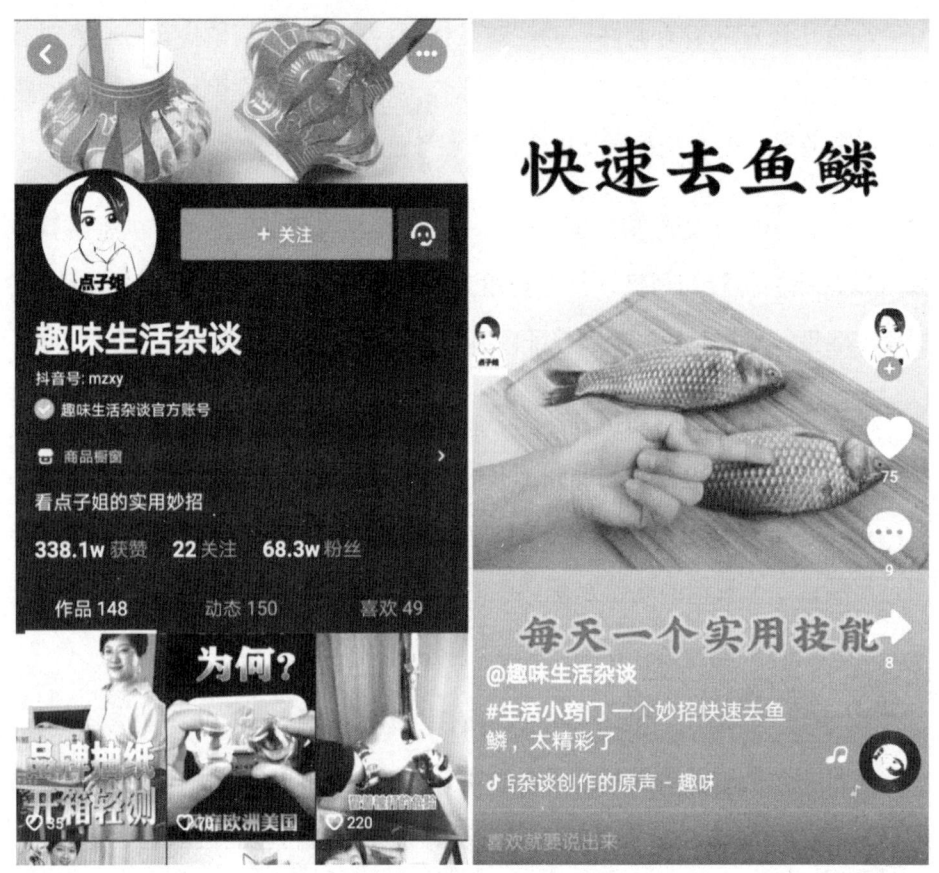

"趣味生活杂谈"抖音主页

除此以外,"趣味生活杂谈"还会给粉丝推荐一些家居生活好物,这个账号在抖音电商方向上也发展地非常好,带货能力很强。为什么"趣味生活杂谈"能拥有这么多忠粉呢?这是因为运营它的人真正了解了粉丝的需求。

"趣味生活杂谈"的目标粉丝群体是家庭主妇,他们了解家庭主妇的需求,并满足了这个需求,所以才能获得这么多忠实粉丝,并顺利开展电商业务。

那么我们应该如何满足粉丝需求呢?下面有几个要点,希望能对大家有所帮助。

1. 找到核心粉丝群体

如果运营账号的人不知道自己的核心粉丝群体是谁，就不可能有针对性地去创作粉丝需要的内容。而且，粉丝也不知道这个账号能为自己带来什么，进而选择离开。前面的章节中我们讲过账号定位和粉丝定位，如果你还不清楚，可以回顾一下前面的相关内容。我们要记住，只有弄清楚核心粉丝是谁，才能进一步满足他们的需求。

2. 确认粉丝的哪些需求是必须被满足的

我们要从粉丝的反馈中找到那些真正的、必须被满足的需求，那么，如何寻找这样的需求呢？我们应该考虑以下几个问题。

（1）是否是大多数核心粉丝的需求？该需求是否紧急？是不是刚需？

（2）该需求是否符合抖音账号的定位和风格？是否符合平台的要求？是否符合国家的相关法律和法规？是否符合运营者本人的价值观？

（3）其他同类型的主播是否满足了类似的需求？是不是所有同类账号都在做这类内容？如果大家都没有做，原因是什么？

（4）满足这个需求的投入和回报是否成正比？做这个内容划不划算？

（5）抖音账号运营者是否有能力去满足这个需求？

考虑清楚了这些问题，相信你一定能找到那些真正的、迫切的需求。

3. 打造内容核心点，满足大部分粉丝的需求

每个人的需求都是不一样的，每个需求对应的人群数量也是不同的。这句话要怎么理解呢？打个通俗的比方，一群顾客来到了一家餐馆，他们有的

要吃甜豆花，有的要吃咸豆花，但是由于种种原因，餐馆只能做一种口味。为了服务更多的顾客，餐馆老板分别调查了喜好两种口味的顾客各有多少人。他发现爱吃甜豆花的顾客比爱吃咸豆花的顾客人数多。在这种情况下，餐厅老板应该满足哪个群体的需求呢？答案是显而易见的，如果我们想获得较多的关注，我们当然要优先满足人数多的群体，并根据他们的需求打造内容的核心点。

要记住，内容核心点所针对的人群必须占粉丝群体的大多数，满足粉丝需求时，必须遵循"少数服从多数"的原则，要学会抓大放小，千万别捡了芝麻，丢了西瓜。

4. 不断创新，跟上粉丝需求的变化

时代在变化和发展，粉丝的需求也不可能一成不变，我们必须要跟上粉丝的脚步，不断创新，才能满足他们不断变化的需求。在互联网世界里，停止创新，就意味着被抛弃。

粉丝的需求是内容的生命，也是抖音账号的生命，我们在创作视频内容之前，一定要问问自己："这是粉丝真正想要的吗？"

7.5.3 把粉丝变成客户

大多数人做抖音短视频的最终目的只有一个，那就是变现。变现的关键是把粉丝转化成客户流量，简单地说就是让粉丝为我们的产品买单，成为我们的客户。粉丝与客户之间的距离说远也不远，说近也不近，如果我们能把粉丝变成客户，就能轻松变现，获得丰厚的盈利。如果我们不能把粉丝转化为客户，那么再大的粉丝量也只是一个数字而已。

第 7 章
5G 来临，自媒体大神们该如何布局

很多人做自媒体或者做抖音号时，刚开始都做得很红火，也积累了很多粉丝，可是慢慢地都"死"掉了，这就是没有把粉丝变成客户流量的结果。现在已经不是那个自媒体野蛮生长的时代了，一个优秀的抖音账号需要的不仅仅是粉丝量，而是内容生产能力和变现能力。

很多做抖音运营的人都会陷入一个误区，那就是把粉丝量、点赞量、转发量、评论量、活跃度等数据作为运营目标和考核指标，在这种错误的指导思想下很多人会去刷粉、买粉。在我看来，买来的粉丝是没有任何作用的，因为他们无法带来销售转化。

是不是粉丝量就不重要呢？当然不是，我们看中粉丝数量的同时也要注重粉丝质量。与其每天关注"我的粉丝有多少"，还不如考虑一下"我的目标粉丝有多少"。目标粉丝就是与我们账号定位相符的粉丝。比如，我们做了一个美妆抖音号，那么我们的目标粉丝就是年轻女性，她们才是有可能转化的、高质量的粉丝。

那么，怎样把粉丝转化为有价值的客户流量呢？

我们可以从两个方面做起，一是建立信任，二是提供价值。

建立信任就是要保持和粉丝的交流和互动，当粉丝选择关注我们的账号以后，一定希望获得我们的积极回应。而我们在发布视频和推广产品后，也很需要粉丝的真实反馈，只有保持互动才有沟通和交流的机会，有了沟通和交流，才能建立起信任关系。

提供价值就是要关注粉丝的需求，并满足他们，只有从我们这里获得他们想要的，粉丝才会选择关注。如果我们能持续为粉丝提供价值，那么我们与粉丝之间的黏性就会不断加强。有了黏性和信任，粉丝转变为客户就是水

到渠成的事了。

把粉丝变成客户流量是抖商的核心，吸粉只是过程，让粉丝掏钱买单才是最终目的。所以，我们千万不要陶醉在涨粉的假象里，而是要想一想这些粉丝能否转化成为我们的客户，真正掏钱买我们的产品。

事实上，5G时代的抖音短视频运营方法和现在并没有什么不同，我们只要做到以内容为导向，用心运营粉丝就能收获自己想要的结果。5G时代的到来，必然会掀起一波泛娱乐化内容的新浪潮，这对抖音达人们来说是一个不可多得的机会。

【热点问答】

5G时代，自媒体如何创新

在5G时代，自媒体应该如何创新？这是大家都非常关心的问题，在回答这个问题之前，我们先来看一个经典案例。

bilibili是年轻人都很熟悉的一个网站，它也被粉丝们亲切地称为B站。B站是一个互动性和创造性都极强的文化社区，它成功的关键因素就是UGC（用户生成内容），B站的每个用户都既是内容的生产者，也是内容的消费者。

与微博和微信不同，B站是一个真正的草根社区，它86%的视频播放量都来自草根用户创作的视频，内容才是它的核心关键。B站的内容运营模式很像选秀节目，在海选阶段人人平等，每个人都可以展示自己的才艺，真正有实力的人会从中脱颖而出，靠自己的实力成为草根明星。

B站还是一个二次创作的文化社区，UP主（制作和上传视频的人）会对影视作品进行二次剪辑，创造出自己和粉丝喜欢的内容。B站UP主们最大的吸引力就在于内容的持续创新。在5G时代，自媒体人最需要的也是这种持续创新能力，自媒体平台需要这种开放的心态，把舞台交给有真正的创新能力的人。

除了草根和二次创作以外，B站的成功还有一个核心要点，那就是互动性。B站是最成功的弹幕网站，而弹幕与传统的评论不同，它不是粉丝看完内容后才发表的，而是与内容同步产生的。弹幕可以形成一种群体观影的氛围，也能激励UP主不断创作新作品，吸引更多粉丝。弹幕让B站的内容生态形成了良性循环。5G时代来临后，还会衍生出更多比弹幕更有趣的实时互动方式，进一步增进内容创作者与粉丝之间的关系。

从B站的成功例子中，我们可以看出，自媒体的创新要根植于内容和互动，只有抓住了这两个核心关键，才能在5G时代的自媒体大战中脱颖而出。那么作为普通人，我们应该怎样做呢？

我认为，你可以从线下场景入手来吸引眼球。2019年年初，国家工信部部长苗圩在一次访谈中说："5G的到来会带来一个非常有趣的应用，叫作体育赛事的个性化直播。比如，我们同样看一场葡萄牙对阿根廷的足球比赛，但是我只想看C罗的画面，你只想看梅西的画面，而另外一个人，可能他只想关注进球，那么这种个性化的直播，就可以在未来5G的时代得以实现。"

这种个性化的赛事转播是如何做到的呢？同样的一场比赛，每个观众想看的部分是不一样的，关注的球员也不同，难道要为一场足球赛配备23个摄影师，22个人盯着两队球员，其余的一个人盯着足球吗？这个思路显然是行不通的。5G时代的个性化直播不需要专门的摄影师跟拍，而是把所有的现场观众都当成了摄影师。观众们可以借用相关设备，从自己的视角出发拍摄自己喜欢的内容。

5G时代的个性化直播，不是简单地甩掉了摄像机的问题，而是所有的摄像师都变成了坐在现场的那些观众，他们可以在不同的机位，用自己不同的视角，来捕捉自己所喜欢的球员的图像、进球员和进球画面，并将高清视频实时传送到一个导播平台。观看直播的场外观众也可以通过导播平台申请自己想看的内容和视角。

比如，一位场外观众选择了球员A的图像，那么导播平台就会根据这位观众的选择，为他切换数十个由场内观众拍摄的有关球员A的视频，观众可以根据自己的喜好来选择。选择好观看的视频以后，观众还可以点赞、评论、分享，甚至打赏。而评论与打赏则可以进一步激励现场观众拍摄出更优质的视频。

我认为上文中提到的互动直播，将会是5G时代自媒体创新突破的一个点。了解现场直播的人都知道，多机位现场拍摄并不难，难的是把每台机器拍到的内容回传编排。尤其是当每台摄像机拍到的都是4K以上的超高清视频时，就更需要高质量通信网络的支持了，而5G时代的到来恰好可以解决这个问题。

这么好玩的个性化直播什么时候才能实现呢？告诉大家一个好消息，2019年5月在上海举行的中国联通5G应用发布会上，辽宁电视台就已经展示了自己个性化导播平台。虽然个性化直播的商用还有一段路要走，但这种应用的出现为自媒体从业者带来了更多的想象空间。

5G 时代，自媒体创新的核心是内容和互动，而个性化直播则兼顾了两者，我期待着个性化直播平台的早日成熟，也期待着个性化直播能为人们的休闲娱乐生活带来更丰富的体验。

第 8 章

机会 VS 机遇,如何抓住 5G 红利赚取第一桶金

　　5G 时代的来临,对创业者来说是一个难得的机遇。5G 应用和相关技术的发展给了创业公司进入 5G 市场的机会,也给投资人带来了新的投资机会。5G 与各行各业的融合不仅会带来新市场,也会产生新职业。未来,人们会有更多的创业机会和择业机会。

8.1 5G 有哪些创业机会，怎么借 5G 赚钱

5G 商用牌照已经发放，其商业化进程已经全面启动。各行各业都将在 5G 的赋能下迎来改革和创新。那么，对于创业者和创业公司来说，5G 时代的机遇又在哪里呢？换句话说，创业公司和个人应该怎样借 5G 赚钱呢？在本节中，我将为大家详细分析 5G 的商业应用场景和 5G 时代的热门行业，希望能对大家有所帮助。

8.1.1 5G 时代，创业公司的机遇在哪里

在分析 5G 商业应用场景之前，我们先来回顾一下 5G 的特点和优势。5G 的带宽是 4G 的 100 倍，延时只有现在的 1/10，5G 网络每平方公里可以接入 100 万个设备，具有高速率、低时延、大容量的特点。最重要的是，5G 的基站可以做的小而密集，有利于进行提升网络的边缘计算能力，数据可以在靠近终端的地方处理，边缘计算的效率和安全性都要强于云计算。

基于这些技术特点和优势，我列举了八大 5G 商业应用场景，可以为创业公司提供一些参考。

1. 5G 商业应用场景一：低时延多人实时游戏

低时延多人实时游戏是未来游戏市场的重要风向，未来，人们可以在进行线上联机游戏时，将能够体验到无延迟的实时互动体验。

2. 5G 商业应用场景二：AR、VR、XBOX 无线一体机

未来，AR、VR、XBOX 都会做成无线一体机，可以随时随地地使用。在 5G 网络下，内容传输已经不存在任何问题，内容不需要上传云端，可以存

储本地，通过流量的方式传输即可，因此 AR、VR 设备不再需要很大的内存，完全可以做成便携的一体机。对创业企业来说，开发新型 AR、VR 设备是一个很好的发展方向。

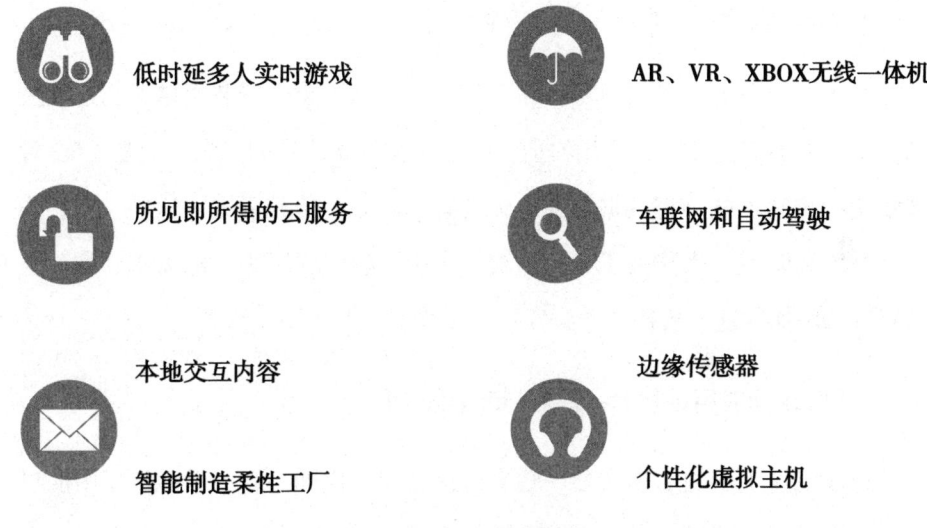

八大 5G 商业应用场景

3. 5G 商业应用场景三：所见即所得的云服务

现在的云服务在用户体验方面还有很大的提升空间，比如存储的电影在播放时不够流畅，而 5G 网络普及后，这种困扰就会完全消失。因此，未来的云服务可以做到"所见即所得"，云服务的市场也将更加广阔。

4. 5G 商业应用场景四：车联网和自动驾驶

5G 网络可以为终端侧智能设备提供毫秒级的即时行动反应，这为车联网和无人驾驶的发展提供了支撑。未来，车联网和无人驾驶相关的硬件和软件都会迅速发展起来，这对互联网公司来说也是一个很好的机遇。

5. 5G 商业应用场景五：本地交互内容

5G 时代，很多需要进行本地交互的内容都可以实现，比如餐饮连锁店的本地菜单，创业公司可以开发与之相关的应用。

6. 5G 商业应用场景六：边缘传感器

出于安全考虑，我们不得不在工厂、办公室、家中安装摄像头，这些摄像头虽然能够起到监控的作用，但同时也存在隐私泄露的隐患。但是，5G 带来的边缘传感器能够把数据放在本地处理，不必上传到云端，这样一来，隐私泄露的风险就大大降低了。我预测，边缘传感器将有很大的需求，创业公司可以考虑抓住这个机遇。

7. 5G 商业应用场景七：智能制造柔性工厂

智能柔性工厂的实现需要一整套解决方案，比如，智能柔性工厂中的机器人调度就需要搭建 5G 局域网络来实现。当前工厂内的调度主要靠以太网和 Wi-Fi 来实现，但以太网无法让机器人移动起来，而 Wi-Fi 不够可靠，但以 5G 技术搭建的局域网能同时弥补两者的不足。在智能制造、柔性工厂的大趋势下，类似的解决方案将会有很大需求，创业企业可以考虑开展面向企业的业务，为企业提供各种基于 5G 技术的整体解决方案。

8. 5G 商业应用场景八：个性化虚拟主机

目前苹果手机和安卓手机都有语音助理，可以为用户提供一些简单的服务，比如照片归类、应用安装和卸载、系统设置、信息检索等，但是这些服务太简单，而且用户体验也不好。进入 5G 时代后，边缘计算能够为手机虚拟助理赋能，让它们的运算能力更强，智能化程度更高，并为用户提供更好的体验。创业企业可以把目光放在虚拟助手的领域，因为未来的智能终端不只

第 8 章
机会 VS 机遇，如何抓住 5G 红利赚取第一桶金

手机，也许汽车上、智能家居系统中都需要一个虚拟助手。

以上是适合创业企业的八大 5G 商业应用场景，是创业公司可以考虑的未来发展方向。那么，进入 5G 时代后，个人又应该怎样选择职业方向呢？

8.1.2　5G 时代，普通人可以从事哪些行业

5G 时代到来后，属于个人的机会也很多，特别是专业型、知识型人才，可供选择的行业就更多了。我认为，在 5G 时代，适合普通人就业或创业的行业主要有四个，分别是 VR 行业、物联网行业、智能家居行业和自媒体行业。

1. VR 行业

在 4G 时代，VR 行业就已经成为新兴行业，但是受 4G 网络的数据传输速度和带宽限制，整个行业还有很大的发展空间。5G 时代到来后，VR 行业将进入快速发展阶段。

随着 VR 技术的出现，人们对 VR 的需求会越来越强烈。也许到未来某一天，我们可以看 3D 立体电视，玩 3D 立体游戏，进行 3D 全息投影通话，完全做到"身临其境"。VR 行业的未来不可限量，在这个行业里有很多机会，普通创业者和就业者都可以从中找到机会。

2. 物联网行业

5G 全面普及后，物联网的发展将不再受技术限制，物联网在生活、商业和工业方面的应用也会越来越多。比如，物联网可以让家中的空调、洗衣机、洗碗机、电视、燃气灶、灯具、窗帘、扫地机器人等连接起来，并实现智能化，为生活提供更多便利。再比如，工业物联网的建立可以实现生产、运输、销售、售后服务等环节全程智能监控、智能反馈，以提升生产效率。

物联网涉及很多行业，因此有很多不同的职业可供选择，无论是工业、农业，还是第三产业都需要物联网人才。

3. 智能家居行业

目前的智能家居还不够"智能"，未来还有很大的发展空间。真正的智能家居是基于物联网和人工智能等先进技术发展起来的，它可以让所有的家电实现互联互通，形成一个智能的家居系统，帮助人们处理很多生活琐事，让生活更加便捷而美好。

在 5G 时代，智能家居是最被看好的行业之一，因为受现阶段技术水平限制，基于物联网智能家居市场还是一片空白。而且，相对其他行业，智能家居的门槛较低，成本较低，比较适合个人创业者加入。

4. 短视频行业

在前文中，我提到过短视频在 5G 时代将成为一个新的风口。因为 5G 网络可以让短视频的传播速度更快，内容更丰富。视频将进一步取代图文内容，成为人们表达自我的形式。对个人创业者来说，短视频行业是个不错的选择，因为短视频的运营方法已经比较成熟了，而且拍摄短视频的门槛也较低。

5G 时代的到来，会对各行各业带来新鲜空气，会加速产业的胜利。与此同时，一些过时的产品和服务也会被淘汰，市场上就会出现一些空白，这对创业者和求职者来说都是一个很好的机遇，创业者可以选择最有前景的项目，求职者可以选择最有潜力的行业和企业。

无论在哪个时代，机遇都只留给有准备的人，想要做时代的弄潮儿，不仅要有能力和魄力，更要有独到眼光，希望广大创业者能够在 5G 时代找到属于自己的机会。

第 8 章
机会 VS 机遇，如何抓住 5G 红利赚取第一桶金

8.2 5G 时代的三大投资机会

进入 5G 时代，不仅创业者和企业在寻找机遇，投资者也在寻找那只"能下金蛋的母鸡"。在这一节中，我将为大家介绍 5G 时代的三大投资机会，它们分别是：设备需求、边缘计算、用户区分和信息安全。

8.2.1 投资机会一：设备需求

未来 5G 会采用不同的频段来实现不同的频段需求，因此，在 5G 设备方面，尤其是基站建设方面出现了很大的投资机会。

首先，可以考虑投资基站。为什么呢？因为相比 4G，5G 的频段较高，其绕射（衍射效果）能力也比较弱，所以 5G 信号的传输距离没有 4G 那么远，抗干扰能力也比较差。所以，未来 5G 基站数目肯定会比 4G 基站多，5G 基站建设需求会非常大，投资基站是一个不错的选择。

其次，我们可以投资主设备，因为 5G 基站的增加势必会导致主设备投入加大。而且，随着技术的提升，5G 基站单扇区的价格肯定会大幅上涨，相应地，主设备的市场规模也会随之扩大。

最后，我们可以投资天线，因为 5G 天线与 4G 天线的规格有很大不同。了解通信知识的人知道，天线的长度是波长的 1/4，由于 5G 的频段高、波长短，所以其天线长度也比 4G 天线短。这样一来，在相同面积的面板上，就可以承载更多的天线。而且，5G 天线将从过去的 4 通道增加到 64 通道，我预计 5G 到来后，天线的市场规模将会扩大。

此外，当天线变为 64 通道后，相应的射频组件、滤波器、功率放大器、接收器等的数量也会增加，这些新增的设备也是很好的投资机会。

总而言之，5G 的到来意味着网络基础设施需要重新建设或者扩大规模，那么与之相关的需求就会产生，投资机会自然就来了。

8.2.2　投资机会二：边缘计算

边缘计算是 5G 时代的一个重要发展方向，在前文中，我曾介绍过边缘计算的特点，它能在终端或靠近终端的地方进行计算，可以加快反馈速度，以满足 5G 应用的低时延、高速率要求。因此，在未来的数据处理领域会出现很多不同的终端计算芯片产品。

中心化的云计算在 5G 时代已经不是首选，目前，我国 IDC 机房（互联网数据中心）已经趋于饱和，云计算能力也基本能够满足市场需求，因此，云计算服务的市场已经不会再出现大规模增长。未来，"云计算 + 边缘计算"将成为主流。边缘计算所带来的投资机会也将远远大于云计算带来的投资机会。

8.2.3　投资机会三：用户区分和信息安全

近年来，OTT 业务（指互联网公司越过运营商，发展基于开放互联网的各种视频及数据服务业务，如微信的语音通话业务）的出现，严重挫伤了运营商在语音、短信等业务上的盈利。再加上国家的"提速降费"政策，运营商在 5G 投入使用后的最初几年内，将会出现收入增加、毛利降低的现象。为了应对这种现象，运营商会采取差异化收费的策略，比如，语音通信业务的流量费高，而普通数据业务的流量费低，这样可以减少 OTT 业务对运营商的冲击。

不过，运营商在智慧工业、智慧医疗等重资产领域占据更大的优势，在面对行业客户时，运营商的盈利方式将从收取流量费转向运营平台、输出解决方案，这种转变提升了运营商盈利的可能性。

5G 给运营商带来了新的业务机会，也给很多其他公司带来了机遇。5G 的发展，可以带动设备、计算力、信息安全等方面的升级，相关产业链上的企业也可以从中受益。而投资人也需要在这一切变化之前，察觉风向，赢得先机。

8.3 AI 再思考：数据标注师将成为 5G 时代最大量的蓝领工人

目前人工智能正在不断地改变着我们的生活，其应用场景会伴随着 5G 的落地而不断拓展。不过，你一定想不到，在人工智能产业高速发展的同时，一个新兴职业——数据标注师，正逐渐走入人们的视野。近几年，数据标注师的从业人数不断壮大，在这个行业中甚至流传着这样一句话："有多少智能就有多少人工。"这句话看起来十分矛盾，但它却说明了一个事实，目前的人工智能算法可以学习的数据必须通过人工来逐一标注，这需要大量的人力。

2019 年，支付宝公益基金会、阿里巴巴人工智能实验室联合中国妇女发展基金会在贵州铜仁万山区启动了"AI 豆计划"，这项计划是一种"AI+扶贫"的公益新模式，它旨在释放 AI 产业的大量就业机会，在贫困地区培训相关人才，让贫困群众实现在家门口就业脱贫。

加入"AI 豆计划"的打工者不需要背井离乡，他们可以就地培训并上岗，从事数据的分类和标注工作，让人工智能可以快速学习和认知信息。可以说，每个数据标记师就都是一名"AI 培育师"。

8.3.1 数据标注师：人工智能背后的人工

AI 数据标注师又被称作"人工智能背后的人工"。在当前发展阶段，人工智能又叫作数据智能，神经网络的层数越多，需要用于学习的数据量越大。比如，目前的人脸识别系统中，中青年人群识别做得最好，因为中青年人群的数据量最大，而老人和孩子的数据相对较少。

不过，对于机器的深度学习来说，只有数据是没有用的，必须给数据加上标签，才能使机器的学习不断进化。而数据标注最基本的操作就是画框，假设需要检测的对象是车，那么数据标注师就要把一张图上所有的车都标注出来，也就是要为所有的车画框，而且画框要完全卡住车的外接矩形，否则机器就可能"学错"。检测人的姿态识别时，对数据标注的要求就更高了，因为人的姿态中包含 18 个关键点，只有经过专业培训的数据标注师才能完成这些关键数据点的标注，并且保证数据符合机器学习的标准。

不同类型的数据对数据标注师的要求也是不一样的，有的数据标注工作比较简单，一般人经过培训后就可以完成。但是有些数据标注工作则需要专业知识。比如，在医疗数据的标注中，标注师要对医学图像进行分割，标注出肿瘤区、病变区等，像这样的数据标注工作必须要能看懂医学影像的专业人士才能完成。还有一些外文类的数据，也需要掌握这门外语的标注师才能进行标注。

随着人工智能行业的发展，机器学习需要用到的数据量也越来越大，许多专门的数据标注公司也应运而生。一般的数据标记公司都以网络平台的形式运作，它们接到任务后就通过网络群组找人来做，有意向的人报名后，公司再派负责人对报名的数据标注师进行统一培训,然后标注师们分别领取自己的任务。当任务完成并经由公司检验合格后,数据标注师们就可以领取报酬了,如果任务不合格,就需要重新修正。

据我所知,仅北京一地,就有 100 多家数据标注的公司。全国范围内,从事数据标注工作的人已经超过千万。很多知名互联网企业都拥有自己的数据标注公司。数据标注行业之所以能够迅速发展起来,是因为现阶段人工智能对数据的需求非常大,数据越多越丰富、代表性越强、模型效果越好,算法的健壮性和鲁棒性(在异常和危险情况下,系统的生存能力)就越强。

有趣的是,虽然目前大部分人工智能公司都没有实现盈利,但标注公司却赚得盆满钵丰。在现阶段,无人零售、无人驾驶等看起来"无人"的行业往往需要大量的人力,人工智能的背后也需要大量的人工。有人说,数据标注是新时代的劳动密集型产业,我很认同这种看法,很多发达国家为了降低人工成本,选择把数据标注工作放在第三世界国家来完成(隐私数据除外),印度、泰国、马来西亚、越南等国都有数据标注公司。

目前,人工智能才刚刚起步,很多工作都离不开人力的辅助,数据标注这个行业也因此而诞生。虽然数据标注是一份比较机械、重复、大劳动量的工作,但它的存在具有非常重要的价值。首先,数据标注能够推动人工智能行业的发展;其次,数据标注产业能够提供很多就业机会,甚至可以带动贫困地区的经济发展。

8.3.2 数据标注这项工作会一直存在

由于缺乏理论上的突破性技术,目前的人工智能行业虽然技术增长速度很快,但整体水平仍然较低。目前的机器深度学习还是要依赖大数据模型,而且数据对数据质量的要求也比较高，不仅要多还要分布平衡。所以，在人工智能形成自己的知识图谱，学会推理和思考，并能够自我学习之前，数据标注这个职业会一直存在。

当前的人工智能产业呈现出了细分化、多模态、专业化的特征。面向人工智能的数据服务行业，也会产生新的变化。

首先，我国的人工智能产业已经进入技术落地阶段，应用场景包括金融、家居、交通等产业。未来的数据标注行业也会随着人工智能产业一同进入细分市场。

其次，目前的人工智能具有多模态特征，多模态就是对多维时间、空间、环境数据的感知与融合。比如，自动驾驶需要雷达、传感器和摄像头，才能行驶得更安全稳当。数据服务企业也需要适应人工智能技术发展的多模态特征，让自己具备多维传感器融合的数据采集与标注能力。

最后，数据服务企业要在前沿场景中不断探索，才能跟上人工智能行业的发展，并在竞争中获得一席之地。

目前大多数数据标注公司采取的薪酬方式都是"计件付费"模式，数据标注师可获得的报酬与任务量和难度直接相关，熟练的数据标注师一天就能标几千张图片，月收入超过万元。数据标注工作具有一定专业性，只有经过培训才知道应该怎么标，认真细心也是数据标注师必备的素质。每天都有海量的数据诞生，对数据标注的需求也在不断增加，未来还会有更多人从事这项工作。而且，越来越多的人工智能企业会选择把数据标注订单输送到经济落后地区，这样做，一来可以降低人力成本，二来可以为贫困地区提供更多的就业机会。

第 8 章
机会 VS 机遇，如何抓住 5G 红利赚取第一桶金

8.4 哪些行业能赚到 5G 的第一桶金

目前，5G 是网络上最热门的话题之一，除了 5G 的资费以外，大家最关心的问题，就是哪些行业会在 5G 时代赚到第一桶金。

我认为，首先尝到"甜头"的一定是手机厂商这样的终端企业，因为大家都想体验一下 5G 网络，所以手机市场上必定会迎来一波"换机潮"。但是，手机行业的 5G 红利会很快消退，项目能否持续盈利，还是要看商业模式。只有好的商业模式，才能在 5G 时代成功盈利。

假设，有一个团队开发了一个远程实时急救平台，这个平台可以让救护车与医院建立远程连接，第一时间收集患者数据，为患者争取救治时间。一般情况下，救护车入院后要经过验血 CT、急救诊断等环节，如果这些环节能在急救车中同步完成，患者入院后就可以直接治疗。这其中的时间差，对有些危急的患者来说，就是生与死的差别。

例如，一位老大爷在晨练时突然昏迷，救护车接到 120 急救中心的指派后立即赶往现场。患者进入救护车后，急救人员会在第一时间收集患者的个人信息、病史、脉搏、心跳、血压等信息，并实时传输到医院的远程急救后台。医生会通过 VR 设备观察救护车内患者的情况，并实施远程诊断，甚至进行远程微创手术。

那么，这个项目是好还是不好呢？很多人看好这个项目，因为它是一个移动中的应用场景，运用到了 5G 和物联网、VR 等技术，在 5G 时代很有发展前景。但是，也有人对这个项目持保留态度，因为 5G 的应用是建立在基础网络覆盖上的，而这个看起来很美的项目，存在着网络无法覆盖的风险。如果这台搭载了远程实时急救平台的救护车在半路上没信号了，那病人的情况

就危险了。所以类似远程实时急救平台的项目不会在短时间内走入我们的生活，这类行业也不会在5G时代的初期实现盈利。

通过上述案例的分析，我们可以得出一个结论，行业应用类的项目不会在5G时代淘到第一桶金，因为这类项目要在5G基础设施建立完毕后，才能全面发展。因此，能在5G时代淘到第一桶金的一定是与网络基础设施建设相关的行业和企业。

那么，具体有哪些行业可以在5G初期赚到第一桶金呢？

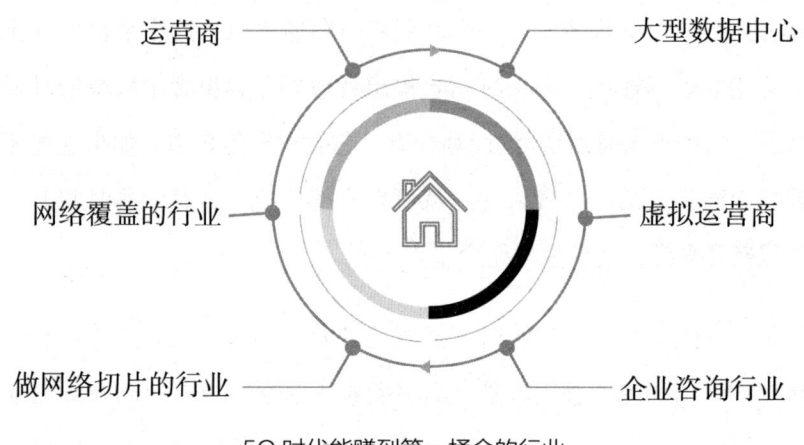

5G时代能赚到第一桶金的行业

第一类当然是运营商，当5G网络投入使用后，无论什么样的应用都需要流量，运营商靠卖流量就可以挣到5G时代的第一桶金。

第二类是做网络覆盖的行业，由于5G的频率较高，所以即使在基站密度比较高的情况下，也很容易出现网络覆盖死角，比如室内、车间内、电梯内等地方都有可能遇到5G信号覆盖不到的问题。因此，我们就做室内信号覆盖的企业，而这批企业也会在5G时代初期赚到钱。

第 8 章
机会 VS 机遇，如何抓住 5G 红利赚取第一桶金

第三类是做网络切片的行业。前文中我们已经介绍过网络切片，这里就不再赘述了。说白了，网络切片服务就是根据不同业务的网络需求，提供端对端的服务。网络切片服务实际是一种动态网络能力的赋能，它可以形成差异化的盈利模式，比如交钱多速度就快，交钱少速度就慢等，这种盈利模式肯定能够挣到钱。

第四类是企业咨询行业。5G 时代，各行各业都会推出相关应用，但是行业与行业之间千差万别，所以我们需要对行业或企业进行画像和咨询。在 5G 时代，ToB 业务将拥有巨大潜力，商家、企业、行业都需要 5G 应用或解决方案，因此行业咨询或企业咨询公司将大行其道。

第五类是面向行业应用的虚拟运营商。虚拟运营商又可以称为通信业务分销商，过去这类虚拟运营商或分销商都是面向个人业务的，比如运营商会给分销商 170 个手机号，分销商再把号码卖出去。未来，这些通信服务分销商的客户可能会变成企业或者行业客户，他们从运营商那里承接某项业务后，再针对不同的行业或企业提供服务。

第六类是大型数据中心，大型数据中心的盈利会从 5G 发展的初期持续下去，产生巨大的经济效益。我国不仅是世界上数据增长速度最快、数据量最大的国家，还是世界上数据种类最丰富的国家之一。数据是一种宝贵资源，我们可以通过各类技术对数据进行深度挖掘，并将数据应用于各个领域。

而且，随着 5G 网络的建成和投入商用，各行各业的数字化、智能化转型步伐将进一步加快，高质量数据会成为刚需，因此，大数据中心会成为一个非常有潜力、有精力价值的行业。

在 5G 时代，各行各业都有自己的发展机遇，只要顺应时代潮流，拥抱科技创新，就能获得经济回报。

【热点问答】

5G 时代，对未来职业有哪些影响

对于 5G 时代的到来，普通上班族最关心的问题是：5G 时代的到来，对未来职业有哪些影响？在本节中，我将从互联网发展的角度来为大家解答这个问题。

互联网的发展，给人类的经济生活带来了前所未有的巨变。从岗位的角度来看，网络造就的虚拟世界让人们的职业身份变得更加丰富了。在网络世界中，每个人都可以拥有另一重职业身份。

比如，现实中的 IT 技术人员，在网络上有可能是一位淘宝店主；现实生活中的银行柜员，在网络上有可能是一位网络小说作者；现实生活中的化妆师，在网络上有可能是一位美妆博主或自媒体达人。每一个网络上的虚拟职业都可以为人们带来新的社交圈子和额外的收入。

在这种背景下，每个人都有可能成为斜杠青年，而 5G 技术的发展会让这种趋势变得更为明显。因为 5G 网络带来的实时交互和万物互联能力，会让很多过去门槛较高的职业变得十分大众化。比如，我们每个人都可以通过众筹平台投资自己感兴趣的项目，成为一名投资人；可以利用众创平台成为一名产品设计师；也可以通过线上教育平台将自己的专业知识分享出去，成为一名讲师或培训师。

未来，我们每个人都将不再局限于单一的职业和身份，而是若干个职业组合而成的复合式职业身份。这是网络经济时代的趋势，也是 5G 技术影响下，未来职业的第一种变化。

5G 对职业的第二个影响是职业分工进一步细化和专业化。熟

第 8 章
机会 VS 机遇，如何抓住 5G 红利赚取第一桶金

悉世界经济史的朋友应该知道，人类历史上每一次生产力的大发展，都伴随着分工体系的进化。分工能有效提升生产效率、解放生产力，甚至改变生产关系。最重要的是，为了让各个分工环节更好地协作与配合，人们就要发展信息技术，为各个环节提供更好的连接。反过来，信息技术和网络技术的发展也能进一步促进分工的细化。

5G 恰恰是促进连接的技术，它将最大限度地实现人与人、人与物、物与物之间的连接。在这种强有力的连接中，市场信息将被高速传播，社会资源也将得到高效配置。所以，5G 将进一步改造传统分工链条。未来的分工将不仅仅是简单的上下游合作，还会实现横向分工，即资本与产品服务维度的分工。

在这种背景下，企业可以实行分包制度，将不同的生产模块分包给各个专业化的合作伙伴，共同完成生产，这样一来，那些拥有一技之长的专业人员和团队就有了更多的就业机会。他们不需要长期待在一家公司，而是可以凭借自己的专业技能与更多的合作方谈合作。分工的升级，让每个人都可以跳出单一的工作和固定的单位，找到更多的价值变现渠道。

5G 对职业的第三个影响是专业化的、细分的、小众的市场将进一步被激活，中小企业和用户的话语权将大大提高，他们将通过专业化的经营来获得更多的收益。细分市场会催生出更多的新职业，比如现在已经出现的网络主播、电商带货达人、线上店铺装修师、电竞选手等。未来，还会出现更多我们想象不到的新兴职业。

5G 强大的连接作用，可以让每个脱离庞大组织的独立单元和个人与原有产业链上的其他独立经济单元建立连接，实现互动。因此，

5G时代到来后，我们会看到更多的人走出公司和办公室，用更灵活的方式就业。他们可以为任何有需求的企业和个人提供服务，并具备多重职业身份。所以，如果你想在5G时代获得更好的职业发展，就要让自己成为一个斜杠青年。

还有一个问题也是大家非常关心的，那就是人工智能会剥夺人们的工作机会吗？5G技术全面普及后，人工智能技术将得到极大的发展，很多人担心人工智能会取代工人和职员，夺走人们的饭碗。

事实上，这种假设是缺乏经济学依据的，而且这种情况根本不会发生。试想一下，如果人们都失业了，那么人工智能和机器人生产出来的产品由谁来消费呢？历史已经向我们证明，生产力的进步会带来生产效率的提高和劳动力的解放。比如蒸汽机刚出现时，一台机器就可以顶替十几名工匠，虽然有部分工人下岗，但是那些能操作机器的工人的工资上涨了近十倍。那么，那些下岗的工人去哪里了呢？他们流向了第三产业，也就是娱乐休闲、旅游度假、餐饮服务等行业。

生产效率的提升让从业人员有了更多的金钱和空余时间，他们会把时间和金钱花费在娱乐和休闲上，第三产业因此而兴起，并为人们提供了更多的工作机会。由此可见，生产力的革命带来的并不是大规模失业，而是劳动力的转移和国民收入的重新分配。

所以，我们大可不必担心未来没有工作做，只要能跟上时代的发展方向，抓紧机会提升自己，就一定能在5G时代找到理想的职业发展方向。有人说："个人的命运不仅仅依靠自己的奋斗，还要考虑历史的进程。"5G时代，就是历史给予我们的机会。抓住它，然后顺势而为，说不定就能成就一番事业！

参考文献

[1] 许宏金.5G 革命：文新流量时代商业方法论 [M].北京：电子工业出版社，2019.

[2] 李正茂，王晓云.5G+：5G 如何改变社会 [M].北京：中信出版社，2019.

[3] 龟井卓也.5G 时代：生活方式和商业模式的大变革 [M].田中景 译.杭州：浙江人民出版社，2019.

[4] S^2 微沙龙.大话 5G 走进万物互联新时代 [M].北京：机械工业出版社，2017.